임철규 연세대학교 명예교수

김수용 연세대학교 명예교수

이승환 고려대학교 철학과 교수

이광호 연세대학교 명예교수

백민정 가톨릭대학교 철학과 교수

고 전 강 연 3

전근대

문화의 안과 밖

고전 강연

임철규
김수용
이승환
이광호
백민정

3
전근대

민음사

머리말

『고전 강연』은 네이버 문화재단이 지원하는 '문화의 안과 밖' 강연의 두 번째 시리즈 '오늘을 성찰하는 고전 읽기'를 책으로 엮은 것이다. '문화의 안과 밖'은 오늘날 학문의 여러 분야에서 문제가 될 만한 주제들을 다루면서, 학문의 현재 위상에 대한 일단의 성찰을 시도하고 그 기초의 재확립에 기여할 것을 목표로 한 기획이었다.

지금까지 우리 학문의 기본자세를 결정한 것은 긴급한 시대의 부름이었다. 이는 정당한 것이면서도, 전통적으로 학문의 사명으로 정의되어 왔던 진리 탐구의 의무를 뒷전으로 밀리게 하는 일이기도 했다. 그리하여 새삼스럽게 상기할 필요가 있는 것은 진리에 대한 추구가 문화의 핵심에 자리할 때 건전한 사회가 유지될 수 있다는 사실이다. 그리고 그에 비추어서만 현실 문제에 대한 진정한 해답도 찾을 수 있다.

'문화의 안과 밖'은 학문적 기준을 지키면서도 일반 청중에 열려 있는 강연 시리즈다. 일반 청중과의 대화는 학문 자체를 위해서도 중요한 의미를 지닌다. 그것은 특별한 문제에 집중하여 전문적으로 연구하는 학문을 보다 넓은 관점에서 되돌아보게 한다. 사회적 열림은 자연스럽게 학문이 문화 일반과 맺는 관련을 생각하게 한다. 그리고 그에 요구되는 다면적 검토는 학문 상호 간의 대화를 자극할 것이다.

그리하여 넓어지는 학문적 성찰은 당면하는 문제의 궁극적인 배경으로서 보편성의 지평을 상정할 수 있게 한다. 가장 넓은 의미에서의 건전한 사회의 바탕은 여기에 이어져야 마땅하다고 할 수 있다.

그러나 너무 넓은 관점에서 시도되는 성찰은 지나치게 일반적이고 추상적인 것이 되어 학문적 사고가 태어나는 구체적 정황을 망각하게 할 수 있다. 현실에 대한 개념적 이해는 학문이 추구하는 목표의 하나다. 이에 못지않게 중요한 것은 그러한 개념과 이해가 생성되는 이해의 동역학이다. 이것을 생각하게 하는 계기의 하나는 고전 텍스트의 주의 깊은 독서일 것이다. 그러나 고전이 된 텍스트는 새로이 해석되어야 비로소 살아 움직이는 현실로서 이해될 수 있다. 해석은 텍스트에 충실하면서 그것이 오늘의 삶에 지니는 의미를 생각해 보는 작업이다. 또 고전이 동시대에 지녔던 자리와 의미를 알아보는 일도 필요하다. 이러한 동시대적 의미를 밝힘으로써 고전은 삶의 핵심적 사건으로서 구체성을 얻게 되고, 오늘의 삶의 조명에 도움을 줄 수 있다.

물론 고전을 읽는 데에 한 가지 고정된 접근 방법이 있는 것은 아니다. 선택된 고전을 어떻게 읽느냐 하는 것은 고전의 독특한 성격에 따라, 또 강연자의 관심에 따라 다를 수밖에 없다. 접근 방법을 고정하는 것은 고전을 통하여 사회의 정신을 넓히고 깊게 하는 것이 아니라 그것을 좁히고 옅게 하는 일이 될 것이다.

이번 고전 강연 시리즈에서 다루는 텍스트는 50여 권에 한정된다. 이를 선택하는 것은 극히 어려운 일이었다. 우리는 강연에서 다루는 고전들이 다른 고전 텍스트로 나아가는 길을 열기를 희망한다. 시리즈의 처음, 1권에 자리한 여러 고전 전통에 대한 글은 보다 넓은 고전들의 세계로 나가는 길잡이로서 계획된 것이다. 고전 읽기가 우리 문화의 안과 밖을 넓히고 깊이 있게 하는 데 도움이 되기를 바란다.

문화의 안과 밖 자문위원회

차례

그 사랑

셰익스피어의 『로미오와 줄리엣』 읽기

임철규 (연세대학교 명예교수)

윌리엄 셰익스피어(William Shakespeare, 1564~1616)

잉글랜드 스트랫퍼드어폰에이번(Stratford-upon-Avon)에서 비교적 부유한 상인의 아들로 태어났다. 1586년 무렵 고향 스트랫퍼드를 떠나, 『헨리 6세』를 발표하며 이름을 알리기 시작했다. 엘리자베스 여왕 치하의 런던에서 극작가로 명성을 떨치며 세대와 계층을 가리지 않고 폭넓은 인기를 누렸다. 특히 1600년부터 6년간 '4대 비극'으로 꼽히는 『햄릿』, 『오셀로』, 『리어 왕』, 『맥베스』를 차례로 써냈다. 1616년 고향에서 사망하기까지 37편의 작품을 발표했다.

고대 그리스 비극의 전통을 계승하면서도 당시의 문화 및 사회상을 반영한 그의 희곡들은 현재까지도 가장 많이 공연되고 있는 '세계 문학의 고전'인 동시에 시대를 초월한 작품들이다. 크게 희극, 비극, 사극, 로맨스로 구분되는 그의 극작품은 인간의 수많은 감정을 총망라할 뿐 아니라, 인류의 역사와 철학을 깊이 있게 통찰하고 있다고 평가받는다.

1594년에서 1596년 사이에 쓰인 것으로 짐작되는 셰익스피어의 『로미오와 줄리엣』은 오랜 세월 인기를 끌며 사랑받아 온 작품임에는 틀림없지만, 내용이 독창적이거나 완성도 면에서 큰 호평을 받을 만한 작품은 아니다. 두 젊은 연인의 사랑과 죽음에 관한 이야기는 1500년 대 초반 이래 유럽에서 큰 인기를 얻고 있었고, 특히 이탈리아 등 대륙의 여러 작가들에 의해 이미 극화된 적이 있다.[1] 잦은 우발적 사건, 주인공 특히 로미오의 부자연스러운 내면 갈등, 지나치게 감상적이고 수사적인 주인공들의 사랑의 감정 표현 등도 걸리는 지점이다. 그럼에도 간과할 수 없는 것은 셰익스피어가 '사랑과 죽음'이라는 모티프를 통해 엄격한 의미에서 처음으로 사랑의 '본질'을 본격화하고 있다는 점이다. 『로미오와 줄리엣』이 공연 현장에서 수많은 관객을 크게 매료시킨 것도 바로 이 때문이다. 작품의 내용은 다음과 같다.[2]

이탈리아의 "아름다운 도시"(I.1.prol.2) 베로나에는 오래전부터 불화와 증오로 인해 서로 살인까지 불사하는 적대 관계의 두 가문이 있었다. 로미오는 그 하나인 몬터규의 아들, 줄리엣은 또 다른 하나인 캐풀릿의 딸이다. 로미오는 줄리엣을 처음 만나기 전 로잘린이라는 아름다운 소녀를 짝사랑하지만, 자신의 사랑을 받아들이지 않는 그 도도한 소녀가 캐풀릿의 집에서 베푸는 연회에 참석한다는 소식을 듣고 친구 머큐쇼와 함께 초대받은 손님처럼 가면을 쓰고 연회에 간다.

가면무도회에서 로미오는 캐풀릿의 딸 줄리엣을 발견한다. 줄리엣을 보는 순간 그는 로잘린을 곧바로 잊고, "내 심장이 지금까지 사랑을 해 본 적이 있었던가?", "오늘 밤까지는 단 한 번도 진정한 아름다움을 본 적이 없다."(I.5.51~52)라며 그녀를 향한 사랑의 감정을 지

체 없이 토로한다. 옆에서 이를 엿듣고 있던 캐풀릿 부인의 조카 티볼트는 가면을 쓰고 있는 옆의 그자가 "오늘 밤 우리의 축제를 능멸하러 온"(I.5.56) "우리의 원수"(I.5.60) "악당 로미오"(I.5.63)임이 틀림없다며 당장 죽일 듯 그 앞에 다가선다. 하지만 캐풀릿이 끼어들어 두 사람을 떼어 놓으며, 티볼트에게 "베로나의 자랑", "선량하고 행실이 바른 청년"(I.5.67) 로미오를 우리 집에서 무례하게 대해 연회에 오점을 남기고 싶지 않으니 진정하라고 타이른다.

음악이 다시 연주되고 손님들이 춤을 추는 동안 로미오는 줄리엣에게 다가가 그녀의 손에 입맞춤을 하고 싶다며 허락해 줄 것을 정중하게 요청한다. 줄리엣은 자신을 향한 이 이름 모를 청년의 예의 바르고 경건한 입맞춤에 감동해 손등뿐만 아니라 입술에도 가벼운 접촉을 허락한다. 그녀가 자기를 찾는 어머니에게 간 사이 로미오는 그녀의 유모로부터 그녀가 캐풀릿의 딸 줄리엣임을, 그 후 줄리엣은 유모로부터 그 청년이 그들의 "큰 적"의 집안의 "유일한 아들"(I.5.136)인 몬터규의 아들 로미오임을 알게 된다.

줄리엣을 향한 사랑의 감정을 떨쳐 버릴 수 없어 로미오는 그날 밤 집으로 돌아가지 않고 몰래 캐풀릿 집의 정원 담을 뛰어넘어 그녀의 방 창문 아래 선다. 줄리엣은 로미오가 그 창 아래 서 있는 것을 모른 채 창밖을 내다보면서 로미오가 몬터규의 아들이 아니었으면 하고 크게 한숨짓는다. 로미오를 부르며 그의 아버지를 부인하고 그의 '이름'을 거부하라고 말한다. 그렇게 한다면 자기 "전체"(II.2.48)를 주겠다고 말한다.

그녀의 독백을 엿듣고 있던 로미오는 줄리엣에게 '로미오'라는 이름을 포기할 것이라고 말한다. 줄리엣은 창문 아래서 자신의 고백을 몰래 엿듣고 있던 이가 로미오임을 확인하고 크게 당황하지만, 부끄러움을 무릅쓰고 로미오를 향한 자신의 사랑을 거리낌 없이 전한다. 그들은 서로 사랑을 맹세한다. 줄리엣은 로미오에게 그와 결혼할 것이며 다음 날 아침 사람을 보낼 테니 언제 어디서 결혼식을 할지 알려 달라고 말한다.

로미오는 고해(告解) 수사(修士) 로런스에게 가서 자신들의 결혼식을 허락하고 주관해 줄 것을 요청한다. 수사는 로미오와 줄리엣의 결혼이 적대 관계에 있는 두 가문의 화해의 시발점이 될 것이라 믿고, 그들의 결혼을 도와주기로 한다. 다음 날 일찍 로미오는 줄리엣의 메시지를 가져온 유모에게 오늘 오후 수사 로런스의 개인 거처에서 함께 고해 성사를 한 다음 거기서 결혼식을 올리게 될 것임을 전하라고 말한다. 예정된 시간에 결혼식을 올린 뒤 줄리엣은 곧바로 집으로 향한다. 집으로 바삐 향하는 그녀에게 로미오는 그날 밤 정원에서 다시 만날 것을 약속한다.

같은 날 로미오의 친구들인 머큐쇼와 벤볼리오가 캐풀릿 가문의 일행과 함께 있는 티볼트를 거리에서 마주친다. 로미오를 향한 증오를 그대로 품고 있는 티볼트가 로미오의 친구인 머큐쇼에게 욕설을 쏟아내자, 로미오와의 우정을 자랑으로 여기는 머큐쇼는 이를 참지 못하고 티볼트에게 결투를 요구한다. 결혼식을 마치고 친구들 앞에 나타난 로미오는 싸움을 평화롭게 해결하려고 노력하지만 소용이 없다.

머큐쇼가 티볼트의 칼에 죽임을 당하자 로미오도 칼을 빼든다. 두 사람의 결투에서 티볼트가 죽는다. 베로나의 군주는 살인을 저지른 로미오에게 사형을 내려 달라는 캐풀릿 부인의 호소에 응하지 않고 로미오를 도시로부터 추방할 것을 명한다. 몸을 숨긴 로미오는 수사 로런스의 거처로 향한다.

자신에게 "아주 소중한 (……) 사촌오빠"(III.2.66)인 티볼트가 죽었다는 소식을 들은 줄리엣은 티볼트를 살해한 남편 로미오를 향한 원망을 억누를 수 없어 그를 비난하지만, 유모가 로미오에게는 신의도, 믿음도, 정직도 없다며 비난하자 크게 꾸짖은 뒤 일순간 남편을 탓한 자신을 책망하면서 티볼트 대신 남편이 살아 있는 것이 얼마나 고마운 일인가 하며 그의 추방을 더 애통해한다.

수사는 도망쳐 온 로미오에게 자신이 적당한 때에 두 사람의 결혼 소식을 공표할 테니 아내에게 가서 마지막 인사를 나누고 새벽에 만토바로 도망가라고 말한다. 어둠이 내리자 줄리엣의 집으로 향한 로미오는 그녀에게 이별을 고하고 새벽녘 만토바로 향한다. 그에게 그녀가 없는 곳은 "연옥, 고문, 지옥 그 자체"(III.3.18)이므로, 만토바로의 "추방"은 그에게는 바로 "죽음"(III.3.20~21)과 같았다.

한편 캐풀릿은 딸 줄리엣이 결혼할 나이라 생각하고 군주의 친척이자 "많은 토지를 소유한"(III.5.180) 귀족 청년 백작 파리스의 청혼을 받아들일 것을 딸에게 요구한다. 줄리엣은 이에 놀라 몸을 떨지만, 티볼트의 죽음을 가져온 당사자가 로미오이기 때문에 그와 결혼한 사실을 고백하지 못한다. 결혼한 사실을 부모가 안다면 남편 로미오가 붙잡혀 죽을 수도 있기 때문이다. 우선 줄리엣은 파리스 백작과의 결혼을 "한 달만, 일주일만 연기"(III.5.199)하려 하지만 용납되지 않는다. 그녀는 대책을 강구하기 위해 수사 로런스의 거처로 향한다.

수사는 백작과 결혼을 하느니 차라리 목숨을 끊겠다는 줄리엣에게 무모하기 짝이 없지만 "희망이 조금 보인다"(IV.1.68)며 그녀에게 작은 약병을 건네고 백작 파리스와 결혼하기 전날 밤 병 속의 약을 끝까지 마시라고 말한다. 그 약은 마신 뒤 마흔두 시간 동안만 죽은 모습, 즉 가사(假死) 상태에 빠지게 하는 약이다. 수사는 줄리엣이 하루 또는 이틀 묘지에 안치되어 있을 동안 로미오에게 편지를 전해 묘지에 오게 한 뒤 그녀가 깨어나면 함께 만토바로 보낼 것이라고 말한다.

캐풀릿 가문의 사람들이 줄리엣의 화려한 결혼식을 준비하느라 바삐 움직이는 가운데 그녀에게 "죽음이 때 이른 서리처럼"(IV.5.28) 찾아왔다는 비보가 전해져 온 집안이 충격에 빠진다. 비통한 분위기 속에 그녀의 몸은 무덤 속에 안치된다.

수사 로런스는 다른 수사를 불러 만토바에 있는 로미오에게 편지를 전하게 한다. 그 편지 내용은 물론 줄리엣에게 밝힌 것처럼 계획대로 줄리엣이 깨어나면 두 사람을 함께 만토바로 도주시키리라는 내용이다. 하지만 수사의 편지는 로미오에게 전달되지 못한다. 만토바 지역에 전염병이 발생해 편지를 전달할 사람이 격리되었기 때문이다. 로런스의 편지를 전달받지 못한 로미오는 하인으로부터 줄리엣이 죽었다는 소식을 듣는다. 그는 줄리엣이 누워 있는 무덤을 찾아가 마지막 작별 인사를 고하고 약종상에게서 구한 독약을 마시고 그녀 곁에서 죽기로 결심한다.

밤에 무덤에 당도한 로미오는 한 젊은 청년을 발견하고 놀란다. 그 청년은 줄리엣의 죽음을 애도하기 위해 무덤을 찾은 백작 파리스였다. 티볼트를 살해한 "중죄인"(V.3.69)인 로미오를 체포하기 위해

칼을 빼든 파리스는 로미오의 칼을 맞고 죽는다. 로미오는 그를 그녀 가까이 "화려한 무덤에 묻어"(V.3.83) 준다. 로미오는 줄리엣의 시체에 다가가 작별의 입맞춤을 한 다음 단숨에 독약을 마신다.

그때는 바로 줄리엣이 죽음의 잠에서 깨어날 시간이었다. 수사 로런스는 편지가 로미오에게 전달되지 않았다는 소식을 듣고 줄리엣을 구하기 위해 무덤으로 향하지만, 그곳에서 피투성이가 된 채 죽어 있는 로미오를 발견한다. 잠에서 깨어난 줄리엣은 독약이 든 텅 빈 잔을 손에 쥐고 자신 곁에 누워 있는 로미오를 발견하고 그의 죽음을 직감한다. 줄리엣은 로미오의 단검을 집어 들고 자신의 가슴을 찌른다.

야경꾼이 로미오와 줄리엣, 그리고 파리스의 시체를 발견하고 급히 베로나의 군주와 캐풀릿과 몬터규 집으로 향한다. 두 가문의 사람들이 무덤에 도착한다. 수사 로런스는 그들에게 로미오와 줄리엣의 사랑, 그들의 결혼, 그 후 그들에게 닥친 비극적인 운명에 대해 자초지종을 들려준다. 두 사람의 아름다운 사랑을 들은 두 가문의 수장은 자신들을 부끄럽게 여기며 그들의 "희생물"(V.3.304)인 자식들의 시체 앞에서 오랫동안 계속되었던 "증오"(V.3.292)의 "반목"(V.3.294)에 종지부를 찍을 것임을 맹세한다.

1 사랑

작품은 "줄리엣과 (……) 로미오의 이야기보다 더 슬픈 이야기는 일찍이 있어 본 적이 없었다."(V.3.309~310)라는 베로나의 군주의 말과 더불어 끝난다. 그 '슬픈 이야기'의 주인공들의 비극적인 운명은 프롤로그의 코로스의 말에서 드러나고 있다. 그들은 이미 자신의 자유 의지가 전혀 개입할 수 없는 절대 운명 앞에 서 있었다.

그 운명의 하나는 그들 가문의 적대 관계다. 코로스는 그들이 "두 원수의 자식으로 숙명적으로 태어났다."(I.1.prol.5)라고 말했다. 다른 하나는 그들이 세상에 나오면서부터 이미 운명이 정해졌다는 것이다. 코로스는 그들이 태어났을 때의 별자리에 의해 이미 "한 쌍"으로서 그들의 운명이, 즉 그들의 사랑이 "죽음의 표적"(I.1.prol.6,9)이 되어 있었다고 말했다. 이를 코로스는 "별이 훼방을 놓았다."(I.1.prol.6)라는 말로 표현하고 있다. 이처럼 두 사람은 그들을 '죽음의 표적'으로 삼은 별 아래서, 그리고 하인들마저 "열을 받으면" 서로 "칼을 뽑아 들고", "성질나면 곧장 쑤셔 버리고"(I.1.3,6), "상대방의 개를 보아도 성질이 발동 치고"(I.1.10), 걸핏하면 "칼"과 "몽둥이"를 들고 상대방을 내리치는, 살인과 폭력이 난무하는(I.1.56~65), 그런 두 가문의 적대 관계 속에서 위험하기 짝이 없는 사랑을 운명적으로 펼칠 수밖에 없었다.

줄리엣을 만나기 전까지 로미오는 자신은 지금까지 단 한 번도 "심장이 사랑한 적"이 없다고 말했다.(I.5.51) 진정으로 사랑을 해 본 적이 없었다는 것이다. 일찍이 그는 "만물을 보는 태양도 태초 이래 본 적이 없다."(I.2.92~93)라고 스스로 감탄할 정도로 아름다운 로잘린이라는 여자를 사랑했다. 로미오는 자신의 사랑을 받아 주지 않는 로잘린으로 인해 고통을 받고 우울해했지만, 그녀를 진정한 사랑의 대상으로 바라보지는 않았다. 사랑한다는 말을 여러 번 고백했지만 그녀는 들으려 하지 않았고, "쏘는 듯한 두 눈동자를 마주치는 것도 거들떠보지도 않았고"(I.1.204), "성자(聖者)마저 유혹할 황금에도 무릎을 열지 않았다."(I.1.205)라고 말하고 있다. 이런 표현을 보면 그가 달콤한 말로, 정념에 불타는 눈으로, 그리고 부(富)로 로잘린의 마음을 얻고자 했음을 알 수 있다. "무릎을 열지 않았다."라는 표현에서 드러나듯, 로미오는 로잘린을 성적 욕망의 대상으로서만 보았고, 따라서 그에게 사랑은 온갖 수단을 다해 자기의 것으로 만드는 소유나 다름없었다. 이는 그가 사슴이나 사냥감의 다른 동물들처럼 여인을 "과녁"(I.1.198)으로 삼고, 그 대상을 낚아채어 자기 것으로 만드는 남자를 "훌륭한 사수(射手)"(I.1.197)에 비유하는 것에서 드러난다.

니체는 "결국은 우리는 욕망의 대상을 사랑하지 않고, 우리의 욕망을 사랑한다."[3]라고 말한 바 있다. 과녁을 겨누는 사수가 결국은 그 대상보다 겨눔 자체에 탐닉하듯, 로미오의 사랑의 대상은 로잘린 자체가 아니라 그녀를 낚아채어 자기 것으로 만들고자 하는 욕망 그 자체로 귀결되고 있다. 코로스는 줄리엣을 만난 로미오를 가리켜 "이제 이전 욕망은 임종을 맞고 있다."(I.5.prol.144)라고 말했다. 과녁의 겨눔 자체에 탐닉하는 "사수"의 욕망은 결코 사랑의 가치를 알 수도, 경험할 수도 없기 때문이다.

줄리엣을 처음 보았을 때도 로미오는 마찬가지로 "너무 아름답다"(I.5.53)고 말했지만, 로잘린의 경우와는 달리 눈이 아니라 "심장(Heart)"(I.5.51)이 그녀의 아름다움을 보았다고 한다. 물론 사랑은 눈으로부터 출발한다. 아름다운 육체를 보고 여기서 일어난 성적 욕망으로부터 출발한다는 것이 사랑에 관한 한, 기독교의 아가페(agape)와 더불어 2000년 이상 서구 사상 전체에 결정적인 영향을 미친 플라톤의 에로스(eros)의 핵심 사상이다.

플라톤은 소크라테스의 입을 통해 사랑은 "어떤 대상"에 대한 욕망이긴 하지만(『향연』199e), 궁극적으로 지금 "우리에게 없는 것"을 욕망한다는 점에서(『향연』200a) "특별한 종류의 욕망"[4]이라고 말했다. 사랑은 어떤 특정한 자의 아름다운 육체에 대한 욕망에서 출발하지만, 그다음에는 아름다운 육체 일반에 대한 욕망으로, 그리고 그다음에는 육체의 아름다움보다는 더 고귀하게 보이는 영혼의 아름다움에 대한 욕망으로, 그리고 마지막으로 미(또는 선, 그리고 진리) 자체, 그 본질에 대한 욕망으로, 즉 '위'로 향해 진행된다는 것이다.

말하자면 플라톤은 사랑이 "일상적인 욕망",[5] 즉 그 주된 욕망인 성적 욕망을 제거하지 않고 이를 창조적으로 승화해, 우리에게 없는 것, 즉 "미, 선, 그리고 진리 자체", 그 "본질"을 욕망하고, 그것과 "하나가 되는 것"을 궁극적으로 지향한다고 말했다.(『향연』212a) 그는 사랑의 '초월'을 강조했다. 이런 초월의 문제를 작품 『로미오와 줄리엣』과 관련시켜 나중에 다시 거론하겠지만, 셰익스피어는 이 작품에서 '눈'이 아니라 '심장'이라는 말을 등장시킴으로써 사랑을 특별한 자리에 올려놓고 있다.

니체는 "한 방울의 피도 남아 있지 않다면 사랑이 무엇이며, 신은 무엇이란 말인가?"(강조는 필자)[6]라고 말한 적 있다. 니체는 여기서 예수를 직접 언급하지는 않았지만, 그를 염두에 두고는 있었던 것 같다. 예수는 절대적인 사랑을 위한 절대적인 자기희생이 인간의 조건이라는 것, 이 조건을 통해 우리의 존재는 존재로서 정당화된다는 것을 십자가의 죽음, 즉 그의 피(血)로써 보여 주었다. 그의 피는 절대적 사랑을 위한 절대적 자기희생의 상징이다. 니체는 피가 없다면 진정한 사랑은 아니라는 것이다. 피는 심장의 본질이다. 따라서 눈과 달리 심장에는 어떤 거짓도, 어떤 '작란'[7]도 없다. "깨끗한 심장은 사랑을 부끄러워하지 않는다. 하지만 자신의 사랑이 불완전하다면 부끄러워한다."[8] 심장은 절대 순수의 사랑을 지향한다는 점에서 눈과 다르다. 셰익스피어는 그 시대의 누구보다도 시각의 기만성에 대한 불신을 강하게 드러냈다. 17세기는 푸코의 진단대로 "거의 배타적으로 시각에 특권을 부여한"[9] 시대였고, 눈이 바로 과학으로, 이성 자체로, 과학적 사유의 표상으로 평가되던 시대였다. 이런 시대에 셰익스피어는 특히 후기 작품에서 시각에 대한 불신을 강하게 노출했다.

가령 그는 『맥베스』에서는 "눈앞에 보이는 모든 것은 환상에 지나지 않다는 것"(I.3.142)을 말해 주고 있으며, 『오셀로』에서는 "살아 있는 이성(理性)"(III.3.415)과 동일시되는 눈의 착각으로 인해 결과적으로 주인공의 비극이 도래함을 보여 줌으로써 눈의 한계를 지적하고, 『리어 왕』에서는 "눈이 없어도 이 세상이 어떻게 돌아가는지를 볼 수 있네. 그대의 귀로 보게."(IV.6.151~152, 강조는 인용자)라는 주인공의 말을 통해 눈의 한계와 이에 대한 회의를 강하게 드러낸다. 눈에 대한 그의 강한 불신은 어떤 의미에서 데카르트적인 회의를 선점하고 있다고 말할 수 있다.[10]

셰익스피어는 『로미오와 줄리엣』에서 '눈'이 아니라 어떤 거짓도, 위선도, 작란도 없는 '심장'을 강조하고 있다. 따라서 그들의 자유 의지가 전혀 개입할 수 없는 절대 운명 앞에서 그들이 펼치는 사랑은 진지하고 고귀할 수밖에 없다. 로미오에게 줄리엣은 티끌만큼도 더럽혀질 수 없는 절대 존재가 된다. 그에게 그녀의 손은 "하찮은 손"으로 "모독"할 수 없는 "거룩한 사원(寺院)"이 되고(I.5.92~93), 더 나아가 그녀는 그에게 천상의 "빛나는 천사"(II.2.26)가 된다. 따라서 그녀가 사는 곳이 이 세상 그 어디이든 그곳은 그에게 "천국"이 된다.(III.3.29~30) "더 이상 사랑을 이상화하지 않고 여자를 신격화하지 않으면, 남자는 끊임없이 남자들을 신격화한다."¹¹ 셰익스피어는 남성이 신격화되어 온 이런 역사를 여기서 배격하고 있다.

줄리엣은 로미오에게 '로미오'라는 "이름"을 버릴 것을 요구하고 있다. 자신의 "적(敵)"은 오직 '로미오'라는 "이름"뿐이며, '로미오'라는 이름은 그의 진정한 "어떤 부분"도 아닌 "호칭"에 불과하며, 따라서 그 '호칭'이 없어도 "우리가 장미라 부르는 꽃이 다른 이름으로 불려도 그 달콤한 향기가 줄지 않듯" 로미오라는 진정한 자기 존재는 남아 있다며 껍데기뿐인 '로미오'라는 이름을 버리라고 말한다.(II.2.38~48)

데리다는 이 작품의 '고유 명사'를 논하는 가운데 "그(로미오)의 이름은 그의 본질"이며, "그의 존재와 분리될 수 없다."라고 말한 바 있다.¹² 사실 '이름'은 존재 조건이다. 가령 구약의 창세기 1장 3절에서 여호와가 "빛이 있으라 하자 빛이 있었듯", 이름은 존재 조건, 아니 존재 그 자체가 되고 있다. 이집트, 메소포타미아 등 "고대 근동에서는 이름이 없다는 것은 존재하지 않음을 가리킨다."¹³ 줄리엣은 로미오에게 존재 조건, 아니 존재 그 자체가 되는 그의 이름, 그의 '본질'을 포기할 것을 요구하고 있다. 몬터규 가문의 "유일한 아들"(I.5.136)로서 그의 정체를 규정하는 '로미오'라는 이름을, 그 이름이 표상하는 부질없는 가치들을, 그리고 그의 의지와 무관하게 상대방의 가문을 '적'으로 돌리고 증오와 반목을 끊임없이 강요하는 가부장제의 억압 구조와 온갖 병폐의 사슬을 끊기 위해 그의 "아버지를 부인하고"(II.2.34), "자기 자신"이 "자기 자신이 되는"(II.2.39), 말하자면 지금까지의 로미오가 아닌, 자신이 자신의 주인이 되는 그런 '로미오'를 요구하고 있다. 그렇게 한다면 자기 "전체"를 주겠다는 것이다.(II.2.48) 그렇다면 '우리'는 한 몸이 된다는 것이다. 로미오는 줄리엣에게 '로미오'라는 이름을 부인하고 "앞으로는 결코 로미오로 존재하지 않을 것"(II.2.51)이라고 말했다.

'로미오'라는 이름을 버린 뒤 자신의 이름을 "사랑"(II.2.50)으로 대체하고, 자신의 "심장의 소중한 사랑(my heart's dear love)"(II.2.115) 전부를 그녀에게 바치겠다는 로미오에게 줄리엣은 자신의 가문을 부인하고(II.2.36), 즉 지금까지의 자기를 버리고 자기 "전체"를, 아니 "바로 자기(自己)"[14]를 그에게 준다. 그들은 "자신의 정체성, 자신의 진정한 자기를 그 다른 사람에게서 발견하고 있다."[15] "가진 것" 전부를 "바다만큼 한없이" 주고, 주면 줄수록 "사랑은 그만큼 깊어지고", 그리고 "주면 줄수록 더 많은 것", 더 많은 사랑을 상대편으로부터 "무한히" "갖게 되는"(II.2.132~35), 그런 사랑을 주고받는 로미오와 줄리엣의 사랑을 일컬어 일찍이 헤겔은 "영혼들의 우정(Seelenfreundschaft)"이라 했다.[16] 그들에게는 더 이상 '너'와 '나'가 없다. "독립된 자기(自己)의식은 사라지고, 연인 사이의 구별은 모두 폐기된다."[17] 나중에 줄리엣으로부터 자기 이름 '로미오'를 부르는 것을 들었을 때, 로미오는 자신과 줄리엣이 완전히 하나가 된 듯, "나의 이름을 부르는 것은 나의 영혼이다."(II.2.164)라고 말한다.

그들이 하나가 된 이상 그들에게는 더 이상 과거가 존재하지 않는다. 그리고 "죽음의 표적"(I.1.prol.9)이 되고 있는 그들에게는 미래 또한 존재하지 않는다. 그들에게는 오직 현재만 있을 뿐이다. 그들이 지금 사랑을 펼치는 현재의 이 순간만이 그들에게 전부다. 괴테의 파우스트가 헬레네를 만나고 있는 아름다운 순간인 "현재만이 우리의 행복", 우리의 "보물"[18]이라고 인식했듯, 줄리엣과 함께 사랑을 펼치는 현재, 이 순간만이 로미오에게는 "천국"이고, 현재의 이 순간만이 그들의 행복, 그들의 보물이다. 과거를, 그리고 미래를 통째로 찢어 버리는, 아니 시간 자체를 "초월하여" 오로지 "지금"의 현재만을 시간의 전부로 만드는 그런 사랑의 "순간"을 일컬어 옥타비오 파스는 일찍 "우리들의 낙원의 몫",[19] 우리들의 '천국'이라 했다.

"사랑(Love)"이라는 단어는 작품의 1막에는 35번 이상, 두 연인의 사랑이 본격적으로 진행되는 2막에는 58번 이상 등장한다. 이 단어와 연관되는 단어도 숱하게 등장한다. 두 절대 운명 앞에서 그들이 펼치는 사랑은 그만큼 절박하고, 한순간도 낭비할 수 없기 때문인지 모른다. 만나자마자 사랑에 빠지고, 하루 만에 결혼하고, 셰익스피어 시대의 영국 사회에서는 "열두 살이 처녀들이 합법적으로 결혼할 수 있는 최소한의 연령"이지만,[20] 각기 열네 살과 열여덟 살이라는 나이답지

그 사랑

않게 순식간에 성(性)의 기쁨에 깊이 빠지고…….

"죽음의 표적"이 되어 "때 이른 죽음"(I.4.111)을 맞이할 그들의 짧은 삶에 대한 안타까움 때문인지 '운명'도 그들의 사랑을 완성하기 위해 그들을 급박하게 앞으로 몰아간다. 결혼식을 올린 날 밤 로미오가 "은밀한 밤중에" "최고도로" 성의 "기쁨"을 취하기 위해 줄리엣의 침실로 창문을 타고 올라갈 줄사다리를 준비하고 있을 즈음(II.4.157~59), 줄리엣은 로미오와의 "사랑을 수행하는 밤(love-performing night)"(III.2.5)을 고대하면서 그들의 '사랑을 수행'함에 "가장 잘 어울리는 것"은 그 행위를 아무도 보지 못하게끔 어둠을 내리는 "밤"이라며 "밤"을 향해, "어서 오라"고 호소한다.(III.2.9~10) 그리고 또 밤을 향해, "불타는 발굽의 말들"을 타고 태양을 향해 빨리 달리는 "아폴론의 아들 파에톤"처럼(III.2.1~3) 로미오도 "소리 소문 없이 누구의 눈에도 띄지 않고" 내 곁에 한숨에 달려와 "내 품에 뛰어들도록" 재빨리 그 "짙은 커튼을 펼쳐다오."(III.2.5~7)라고 호소한다. 또한 "온통 검은 의상을 입고", 로미오가 옆에 없음에도 "내 뺨에 사냥매처럼 팔딱대는 내 주책없는 홍조를 덮어 주고", 내 몸을 아낌없이 그에게 줌으로써 그의 사랑을 더욱 얻게 하는, "지면서도 이기는 방법을 가르쳐 달라"고 호소한다.(III.2.12~14)

'사랑과 죽음'을 작품의 주요 모티프로 삼았던 독일 낭만주의 시인 노발리스가 "사랑은 밤의 자식", "창조적인 사랑은 밤의 딸"[21]이라 일컬으며 밤을 찬양하기 훨씬 전 셰익스피어는 여주인공의 입을 통해 밤을 찬양하고 있다. 플라톤의 '소크라테스'가 에로스, 즉 사랑이 궁극적으로 욕망하는 것은 미, 선, 진리 자체라고 말했을 때, 그 세계는 빛의 세계다. 플라톤은 태양을 선의 이미지로 사용했다. 하지만 셰익스피어는 여기서 빛의 세계인 태양이 아니라 어둠의 세계인 '밤'을 찬양하고 있다.

밤의 신의 보호 아래 줄리엣의 침실에서 동틀 무렵까지 사랑의 잔치를 펼친 다음 로미오는 별들, 즉 "밤의 촛불이 불타 다 꺼지고 유쾌한 낮의 신이 안개 낀 산마루에 발끝으로 서 있을 때"(III.5.9~10) 만토바로 향한다. 머지않아 그들의 "사랑을 삼키는 죽음(love-devouring death)"(II.6.7)이 그들을 기다리고 있음을 모른 채 로미오는 아침을 알리는 종달새의 소리에 "포옹"을 풀고 이별을 크게 "한탄"(II.5.33, 36)하면서 줄리엣 곁을 떠난다.

2 죽음

'사랑'이라는 단어가 4막에서 10번, 5막에서 3번 등 차츰 등장이 줄어드는 반면, '죽음'은 4막에서 16번, 5막에서는 20번 등 점점 더 많이 등장한다. 로미오의 하인이 만토바에 있는 로미오를 찾아와 줄리엣의 죽음을 전하기 전 로미오는 꿈을 꾼다. 꿈에서는 죽은 그를 발견한 줄리엣이 키스로 입술에 생기를 불어넣자 그가 다시 살아나 "황제가 되었다." 꿈에서 맛보는 "사랑의 그림자"만으로도 그 기쁨이 한량없건만 그녀를 만나 실제로 경험하는 사랑은 "얼마나 달콤할까"(V.1.6~11) 하고 하루 종일 "유쾌한 생각"(V.1.5)에 들떠 있을 때, 하인으로부터 줄리엣이 죽었다는 소식을 듣는다. 소식을 접한 로미오는 "그럼 나는 너희들 운명의 별들에게 도전하리라."(V.1.24)라고, 다시는 "운명의 노리개"(III.1.127)가 되지 않으리라고 울부짖는다.

셰익스피어를 비롯해 르네상스 시대의 작가들은 작품에서 '운명' 또는 '운명의 여신(Fortuna)'을 빈번하게 언급하고 있다. 인간의 삶이 '운명'에 의해 지배된다는 믿음이 당시 적지 않게 퍼져 있었던 것으로 보인다. "르네상스의 지식 이론은 점성학적인 결정론과 자유 의지 간의 특유의 긴장이 그 특징이 되었다."[22] 운명의 여신은 흔히 돌고 도는 둥근 수레바퀴의 이미지로 등장하듯 변덕스러운 성향을 가진 것으로 묘사되고 있다. 운명의 여신은 셰익스피어의 작품 『헨리 5세』에서는 "눈먼 (……) 변덕스러운"(III.6.29; 35~36) 자로, 『리어 왕』에서는 "그 터무니없는 매춘부"(II.4.52)로, 『햄릿』에서는 "창녀"(II.2.451, 뉴케임브리지판)로, 『안토니와 클레오파트라』에서는 "거짓의 주부" (IV.8.43)로 묘사되고 있다. 믿을 수 없는 가변적인 운명에 대한 불만을 여지없이 나타내는 표현이다.

로미오는 운명에 대항하는 유일한 "방법"(V.1.35)이 자신의 운명을 자신이 결정하는 '자살'밖에 없음을 즉각 느낀다. "절망하는 자의 생각 속으로" "못된 짓", 즉 '자살'하려는 생각이 "재빨리 들어왔다." (V.1.35~36) 그는 줄리엣을 부르면서 "오늘 밤 나는 그대 곁에 누워 있겠소."(V.1.34) 하고 말한다. 그는 "깡마르고 흉측한 괴물"인 "죽음"이 "연정을 품고" 줄리엣을 "여기 어둠 속에 가두고 정부(情婦)로 삼으려 하는 것"을 용납할 수 없다고 생각한다.(V.3.103~106) 따라서 그는 '무덤'이라는 "이 어두운 밤의 침상(寢牀, palace)을 결코 다시 떠나지 않고" 줄리엣 "곁에 항상 같이 머물기" 위해(V.3.106~108), 그리고 "세상사에 지친 이 육신으로부터 불길한 운명의 별들의 멍에를 떨쳐 내기" 위해(V.3.111~112) 그녀 곁에서 목숨을 끊는다. 마침내 로미오는 줄리엣이 누워 있는 무덤을 그의 "영원한 안식처"(V.3.110)로 삼는다.

자기 몸 위에 누워 죽어 있는 로미오를 발견한 줄리엣은 그의 죽음을 확인한 다음, 곁에 있는 로미오의 단검을 집어 들고 자신의 심장을 찌른다. 죽은 자들의 피로 흥건한 "비참한 광경"(V.3.174)은 죽음이 그들의 "사랑"을 여지없이 "삼키고 있음"을 보여 준다. 셰익스피어는 존재론적으로 사랑은, 그것도 진정한 사랑은 죽음을 죽음으로 답하는 비극이라는 것을 로미오와 줄리엣의 "슬픈 이야기"(V.3.309)를 통해 들려주고 있다. 그들은 자신들의 "사랑의 비용"을 "죽음으로 향하는 경주(競走)"에 쏟고 있다.[23] 작품 『로미오와 줄리엣』은 '죽음이 사랑을 삼킨 것'이 아니라 '사랑이 죽음을 삼킨 것'이라는, 말하자면 '아름다운 사랑'의 승리를 보여 주는 작품이라고 흔히 일컬어져 왔다. 과연 그렇게 말할 수 있는가?[24]

앞서 에로스, 즉 사랑은 궁극적으로 지금 "우리에게 없는 것"을 욕망한다는 플라톤의 인식을 거론한 바 있다. 지금 "우리에게 없는 것"을 욕망한다는 것은 사랑이 "결핍"을 전제로 함을, 동시에 그 결핍의 지양을 전제로 함을 말해 준다.(『향연』 200a~b; 『뤼시스』 221d~222a)[25] '사랑'의 이론은 그 역사가 여기서 출발하고 여전히 여기에 머물고 있다. 이 출발의 근원은 물론 플라톤이다.

플라톤은 『향연』에서 이른바 아리스토파네스의 신화를 소개하면서 인간은 원래 '결핍'의 존재가 아니라 '전체'의 존재임을 말하고 있다. 그 내용은 이미 잘 알려져 있듯, 인간은 본래 남성, 여성, 그리고 남성과 여성의 합체인 자웅 동성, 즉 세 개의 성(sex)으로 존재했지만, 이 세 개의 성은 각각 따로 존재했던 것이 아니라 한 몸으로 존재했다. 네 개의 팔, 네 개의 다리, 두 개의 머리, 두 개의 성기 등을 가진 이들 인간을 두려워한 제우스는 그들의 힘과 능력을 반으로 줄이기 위해 반으로 나뉘어 그들을 별개의 존재로 만들었다.

하지만 각각 따로 나누어진 인간은 자신의 반쪽, 즉 자신의 다른 그 본래의 반쪽을 욕망하면서 그것과의 합일, 즉 나뉘기 이전의 '전체'를 갈망했다. 남성에서 나누어진 자들은 다른 남성을, 여성에서 나누어진 자들은 다른 여성을 갈망했으며, 그리고 자웅 동성의 경우에는 다른 이성, 즉 남성은 여성을, 여성은 남성을 갈망했다.(『향연』 184e~193d) 플라톤은 아리스토파네스의 입을 통해 "전체의 욕망과 전체의 추구가 사랑이라고 일컬어진다(tou holou oun tei epithumia kai dioxei eros onoma)."(『향연』 192e)라고 규정했다. 말하자면 그 나뉨으로 인한 결핍을 극복하기 위해 전체, 즉 지금 '우리에게 없는 것'을 욕망하고, 이를 추구하는 것이 사랑이라고 규정했다.

그리고 또 한편 플라톤은 아리스토파네스의 입을 통해 우리들 어느 누구도 연인들이 서로 하나가 되어 "그렇게 진지하게" 함께 살기를 원하는 이유가 육체적 사랑의 기쁨을 함께 누리기 위함에 있다고는 믿지 않는다며, 연인들의 "각자의 영혼은 분명 그런 것과는 전혀 다른 그 무엇을 원한다."(『향연』 192c~d)라고 말했다. 앞에서 지적했듯, 플라톤의 '소크라테스'는 그 무엇이 미, 선, 진리 그 자체라고 주장했다. 플라톤도, 그리고 그의 추종자들, 가령 아우구스티누스, 루소, 프로이트, 프루스트 등도 '각자의 영혼'은 그 욕망이 특정 대상에 머물지 않고 궁극적으로는 그 대상을 초월하는 다른 '그 무엇'에 향한다고 주장했다.

그들의 대부분은 '그 무엇'이 구체적으로 무엇인지를 명확하게 말하지는 않았지만, 그들은 성적 사랑이 아닌 그 무엇, '지금 여기'에 존재하지 않는 그 무엇에 사랑의 궁극적인 가치를 두었다. 그들은 한결같이 '초월'에 방점을 찍었다. 말하자면 사랑은 궁극적으로 지금 '우리에게 없는 것을 욕망한다'는 플라톤을 비롯해서 아우구스티누스도 인간은 본래 우리 존재의 근원, 즉 신이 우리의 사랑의 대상이라고 말했고,[26] 단테도 "한때 사랑으로" 그의 "젊은 가슴을 뜨겁게 했던 저 태양"(『신곡』「천국편」3곡 2행) 여성 베아트리체가 아니라, "인간의 지성이 다다르지 못할 지고의 빛", 그 "영원한 빛", 즉 "해와 다른 별들을 움직이는 사랑"(「천국편」33곡 67~68행, 82행, 125행, 144~145행) 그 자체인 신을 자신, 아니 인간 모두의 궁극적인 사랑의 대상이라고 말했다.

우리는 특정 대상을 사랑하기보다는 우리 자신을 위해 만든 이미지, 즉 이상적인 여성 (또는 남성)을 더 사랑한다는 루소도 진정한 사랑의 대상은 '지금 여기' 지상에는 없다는 듯 "오로지 존재하지 않는 것만이 아름답다."[27]라고 말했고, 사랑은 "자아와 사랑의 대상을 하나로 만들고, 그들 간의 모든 공간적인 장벽을 폐기하려 한다."[28]라는 프로이트도 환상과 나르시시즘, 오해, 타산, 독점욕의 늪에 빠지는 인간의 사랑은 결국 고통과 실망으로 끝난다면서, 따라서 모든 사랑의 근원인 성적 에너지, 즉 리비도를 '승화'해 문명의 근간인 예술이나 사상 또는 사회-정치적 조직을 만들어 내는 것에 관심을 두어야 한다고 말했다. 아니 프로이트는 더 나아가 "모든 삶의 목적은 죽음"[29]이며, 긴장과 자극, 불안, 그리고 일체의 고통이 전혀 없는 죽음의 상태, 즉 지금 여기가 아닌 저쪽, 죽음이라는 열반(涅槃) 상태를 인간의 궁극적인 욕망이라 말했다.[30]

결혼에 대한 인식만큼 어둡지는 않지만 사랑에 대한 인식 또한 비관적이던 D. H. 로런스도 "사랑을 전혀 믿지 않고 있으며", 따라서 사랑은 그에게 "절대적인" 것이 될 수 없었다.[31] 더욱이 로런스가 작중 인물을 통해 "신의 수난", 즉 십자가 위의 예수의 수난과 같은 사랑이 아닌 "인간의 사랑은 그 사랑하는 대상을 늘 죽인다."라고 말하는 것을 보면,[32] 그에게도 진정한 사랑은 "우주적인 초월의 요소를 가지지 않으면 안 되는 것"[33]이었다. 에로스의 성적 욕망을 창조적으로 승화해 그 '상승' 또는 '초월'의 결과로 나온 소설 같은 문학 작품의 '행위'를 통해 구원이 가능하다는, 더 나아가 "삶의 최고의 진리는 예술에 있다."[34]라는 프루스트도 "사랑은 욕망의 환희에서와 마찬가지로 불안의 고통에서도 전체에 대한 요구다. (……) 우리는 우리가 전적으로 소유하지 못하는 것만 사랑한다."[35]라고 말했다.(강조는 인용자)

플라톤, 그리고 현재에 이르기까지 사랑을 이야기해 온 그의 추종자들을 포함한 많은 이들에게 지금 '우리에게 없는' '그 무엇'이 사랑의 궁극적인 대상이기 때문에 '지금 여기'는, 그리고 '지금 여기'와 연관되는 성적 욕망의 대상인 '육체'는 사랑의 궁극적인 고향이 될 수 없었다. 하지만 셰익스피어는 작품 『로미오와 줄리엣』에서 서구 전체를 지배해 온 이런 상승 또는 초월의 전통을 거부한다. 그는 초월이 아니라 지금 여기를, 아니 지금 여기를 전제로 한 초월을, 그리고 또 한편 성적 욕망의 대상인 육체를 강조하고 있다.

　로미오의 단검을 집어 들고 자신의 심장을 찌르기 전 줄리엣은 자신을 로미오의 "칼집"(V.3.170)이라고 말했다. 그렇다면 로미오는 그녀의 '칼집'에 들어오는 '단검'과 동일시된다. 셰익스피어는 칼집을 줄리엣의 성기, 단검을 로미오의 성기와 결부시키면서, 그들의 사랑의 결말을 '에로틱하게' 끝내고 있다. 줄리엣은 이 단검을 자신의 심장 깊이 찌름으로써, 로미오를 자신의 심장 깊이 '포옹'하는 상징적인 모습을 보여 주고 있다. 마지막까지 로미오의 몸을 자신의 몸과 하나로 만드는 순간을 '행복'으로 받아들이면서 줄리엣은 그의 단검을 "행복한 단검"(V.3.169)이라 일컬었다.

　그렇게 "에로틱하게 끝나는 결말(eroticized conclusion)",[36] 즉 자신을 그 단검의 "칼집"이라 일컬으며 "거기서 녹슬고", 거기서 "죽게 해 달라"(V.3.170)며 격하게 심장을 찌르고 로미오의 가슴 위에 쓰러져 죽는 줄리엣의 모습은, 로미오가 가사 상태에 있던 그녀의 가슴 위에 죽어 누워 있는 모습(V.3.155)과 더불어, "격렬한 삽입과 오르가슴의 이미지"[37]를 드러내고 있다. 즉 셰익스피어는 죽음의 마지막 순간까지 '지금 여기'에서의 육체의 사랑을 강조하고 있다.

　니체가 진단했듯, 지금까지 철학의 역사는 육체를 억압하는 역사다. 육체를 영혼의 감옥 또는 "무덤"이라 규정했던 플라톤(『고르기아스』 493a1)의 인식은 육체를 죄의 근원으로 보는 기독교와 더불어 서구 사상 전체를 지배해 왔다. 육체의 폄하를 거부하고, 사랑의 본질 요소로서 육체를 찬양하는 흐름도 없었던 것은 아니다. 고대 그리스의 여류 시인 사포, 로마의 시인 오비디우스, 11~13세기 남부 프랑스와 북부 이탈리아 등에서 활약했던 서정시인(troubadour)의 대표자인 아키텐의 기욤 9세(1071~1126) 등 셰익스피어 이전에도 여러 문학가가 있었다. 하지만 지금 모든 것이 끝나는 죽음 앞에서 바로 죽음 앞의 '지금 여기'의 한 찰나마저도 마치 사랑의 전부를 담고 있는 것처럼 '행복'이라 일컬으며 쏟아 내는 격정의 행위는 어디에서도 찾아볼 수 없다. 셰익스피어는 지금 여기에서의 사랑을, 그것도 육체를 기반으로 한 사랑을 적나라하게 강조했다. '초월'은 다른 각도에서 다루어야 할 주제다. 이제 그 주제로 넘어갈 차례다.

3   초월

"번개처럼" 빨리 그들을 찾아온 사랑도(II.2.119) 그렇게 번개처럼 빨리 끝난다. "죽음의 표적"이 되었던 그들 앞에 결국 남은 것은 어두컴컴한 밤과, 그들을 '표적'으로 삼고 있는 죽음뿐이다. 줄리엣이 그들의 보호자로 한때 그렇게 찬양했던 밤도 이제 공포의 대상으로 다가온다. 가사 상태로 무덤에 묻히게 될 그날 밤을 떠올리면서 줄리엣은 "죽음"과 마찬가지로 "밤"도 "소름 끼치는 것"이라고 말한다.(IV.3.30)

'죽음'은 문학가와 철학자들에 의해 흔히 공포의 존재로서가 아니라 인간의 일체의 고통을 잠재우는 '구원자'로서 부각되어 왔다. 말하자면 일체의 인간의 고통을 치유하는 의사(醫師), 깨어 있을 때의 '낮'의 그 어느 순간보다도 훨씬 더 행복하고 달콤한 '영원한 잠', 그리고 그 속에서 우리의 욕망 일체가 최종적으로 성취되는 '미'의 어머니 등, 구원자로서의 죽음의 모티프는 호메로스에서 소포클레스, 소크라테스, 세네카, 루크레티우스, 쇼펜하우어, 프로이트, 토마스 만, 그리고 스티븐스(Wallace Stevens)에 이르기까지 많은 문학가들과 철학가들이 이야기한 바이다.[38] 셰익스피어도 이 모티프를 이어받은 듯 『햄릿』에서 "단 한 자루 단칼이면 삶을 마감하여" "육신이 물려받은 가슴앓이와 타고난 수천 가지 갈등"을 끝내고 "죽음이라는 잠" 속에 편안히 쉬고 싶다는 주인공 햄릿의 간절한 소망(III.1.60, 64, 76, 뉴케임브리지판)을 소개하고 있다.

그러나 『로미오와 줄리엣』에서 죽음은 전혀 다른 이미지로 떠오른다. 줄리엣이 "밤"과 마찬가지로 "죽음"도 "소름 끼치는" 것이라고 말했듯, 로미오에 의해서도 죽음은 혐오스러운 것으로 표현되고 있다. 이는 그가 줄리엣의 손가락에서 "귀한 반지"(V.3.31)를 빼내기 위해 "죽음의 침대"(V.3.28), 즉 무덤의 뚜껑을 열면서 그 무덤을 가리켜 "죽음의 자궁"(V.3.45), 가장 소중한 것을 삼키는 "가증스러운 아가리"(V.3.45)라고 일컫는 것에서 여지없이 드러난다.

신화에서 죽음(Thanatos)은 형제인 잠(Hupnos)과 더불어 여신 '밤'의 자식이다.(헤시오도스, 『신통기』 212; 호메로스, 『일리아스』 14.258~261) 여기서 죽음의 신은 흉측하고 '가증스러운' 존재가 아니라 형제인 잠의 신과 더불어 싸움터에 나타나 죽은 영웅들을 싸움터에서 멀리 떨어진 곳으로 옮겨 장례를 치르는, 또는 영웅의 친척들로 하여금 장례를 치르게 하는 역할을 하고 있다. 호메로스의 『일리아스』에서 트로이 전쟁에 참가한 트로이 동맹군 뤼키아의 왕 사르페돈이 아킬레우스의 친구 파트로클레스의 창에 찔려 죽자 죽음의 신이 형제인 잠의 신과 함께 사르페돈을 싸움터에서 멀리 떨어져 있는 고향 뤼키아로 데려가 친척들로 하여금 장례를 치르게 했듯(『일리아스』 16.666~683), 죽음은 '장례(葬禮)'라는 최고의 애도의 형식을 통해 죽은 자들을 위로하는 역할을 했다.

하지만 『로미오와 줄리엣』에서 죽음은 그 연인들의 '사랑을 삼키는' 것 말고는 어떤 역할도 하지 않는다. 그들의 "사랑이 가부장적인 힘이나 그 밖의 다른 어떤 힘에 의해서도 더 이상 훼손당하지도, 그리고 매도당하지도 않고"[39] 마음껏 펼쳐지게끔 그들을 평화로운 어딘가로 데려가는 대신, 줄리엣의 "숨결의 꿀을 빨아먹고"(V.3.92) 그녀 곁에 "침실 담당 시녀인 구더기들"(V.3.109)만 남기고 있다.

죽음이라는 한계 상황에서 두 사람의 사랑을 끝까지 지켜 주는 것은 다름 아닌 그들 자신이다. 라캉의 용어를 따온다면, 그들에게 대타자(the Other)는 없다. 결정을 내리는 것도, 그들의 사랑과 죽음에 책임을 지는 것도 그들 자신이므로, 그들이 의지할 수 있는 행위의 주체는 없다. 로미오는 줄리엣이 누워 있는 무덤을 결코 떠나지 않고 그곳을 자신의 "영원한 안식처(requiem eternam)"(V.3.110)로 삼을 것이라고 말한다. 죽음이라는 "깡마르고 혐오스러운 괴물"(V.3.104)이 남긴 구더기들이 들끓고, 시체의 "역겨운 냄새"가 짙게 풍기고, "살아 있는 사람이 들으면 미친다는, 대지에서 찢겨 나오는 맨드레이크의 비명 같은 소리"가 들리고"(IV.3.46~48), "일정한 밤 시간이면 유령들이 몰려드는"(IV.3.44), 말하자면 "섬뜩한 공포에 둘러싸인"(IV.3.50) 그녀의 무덤을 "결코 다시 떠나지 않으리라."라고 말한다. "그의 유일한 관심은 그녀의 시체를 지키겠다는 것이다."⁴⁰ 그는 무덤을 자신의 마지막 목적지로 여기며 여기에 영원히 "머물 것"이라고 한다.(V.3.107~110)

로미오는 처음 보았을 때와 마찬가지로 줄리엣을 여전히 천상의 "빛나는 천사"(II.2.26)로 여기고 있다. 그는 줄리엣의 무덤이 '섬뜩한 공포'에 둘러싸인다 하더라도 그 무덤은 그녀의 "아름다움"으로 인해 "빛으로 충만한 영빈관(迎賓官)"(V.3.85~86)이 되리라고 말한다. 일찍이 로미오는 줄리엣이 있는 곳은 그곳이 어디이든 자신에게는 "천국"(III. 3.29)이고, 줄리엣이 없는 곳은 "지옥"(III.3.18)라고 했다. 구더기가 들끓고, 역겨운 냄새가 풍기고, 맨드레이크의 비명 같은 소리가 들리고, 유령들이 몰려드는 그런 섬뜩하고 황량하기 짝이 없는 곳이라 하더라도, 그녀가 있기 때문에 그곳은 로미오에게는 천국이 되고 있다. 연인을 "신"(II.2.114)으로, 그리고 천사로 만들고, 연인이 사는 곳을 천국으로 여기는 것, 이것이 사랑이다.

줄리엣은 결혼한 날 밤 자신의 침실을 찾아올 로미오를 기다리면서 밤을 향해, 자기가 이다음에 죽으면 로미오를 하늘을 "아름답게" 비추는 천상의 "별"로 만들어 줄 것을 호소했다.(III.2.2) 고대 이집트인들은 지상에 있을 동안 도덕적으로 훌륭한 삶을 살았던 사람들은 사후에 하늘로 올라가 별이 된다고 믿었다. 마찬가지로 구약의 다니엘서에서 나타나듯(12:2~3) 고대 유대인들도 옳은 길로 다시 가도록 사람들을 지혜롭게 이끄는 자들은 사후에 별이 된다고 믿었다. 그런데 "별은 일찍부터 천사와 동일시되었다."[41] 줄리엣의 소망에 따라 빛나는 별로 태어날 로미오도 천사로 존재하게 될 것이다. 그들의 사랑은 서로를 빛나는 별, 아름다운 천사로 만들고 있다. 그들 "두 사랑의 성자(聖者)"[42]는 그들의 사랑을 서로 절대화하고, 그들의 존재를 서로 신격화한다. 진정한 사랑은 여기에 있다.

로미오는 결국 자신의 이름을 포기하지 않았다. 앞서 우리는 이름은 존재 조건, 아니 존재 자체라고 말했다. '로미오'라는, 그리고 '줄리엣'이라는 그 이름들 때문에 그들은 '가치'로서 저만큼 높이 존재한다. 그들의 이름은 그들 존재 자체가 되어, 우리가 어떤 존재여야 하는가를, 그리고 우리의 사랑은 어떤 사랑이어야 하는가를 규정하는 '우리의 존재 조건'이 되고 있다.

임철규　연세대학교 영문학과를 졸업하고 미국 인디애나 대학에서 고전(그리스·로마)문학으로 석사 학위를, 비교문학으로 박사 학위를 받았다. 연세대학교 영문학과와 동 대학 대학원의 비교문학과 교수를 역임하고 지금은 연세대학교 명예교수로 있다. 대표적인 저서로 『임철규 저작집』(전 7권)으로 묶어 펴낸 『눈의 역사 눈의 미학』, 『그리스 비극: 인간과 역사에 바치는 애도의 노래』, 『우리 시대의 리얼리즘』, 『왜 유토피아인가』, 『귀환』, 『죽음』, 『고전: 인간의 계보학』이 있고 노스럽 프라이의 『비평의 해부』, 제베데이 바르부의 『역사심리학』, 마리오 프라츠의 『문학과 미술의 대화』, 비탈린 루빈의 『중국에서의 개인과 국가』 등을 우리말로 옮겼다.

『파우스트』와 현대성의 기획

괴테의 『파우스트』 읽기

김수용 (연세대학교 명예교수)

요한 볼프강 폰 괴테(Johann Wolfgang von Goethe, 1749~1832)

독일 프랑크푸르트암마인에서 태어났다. 교육에 헌신적인 아버지 덕분에 어려서부터 여러 언어를 배우고 그리스 로마의 고전 문학과 성경을 읽었다. 라이프치히 대학에서 법학을 공부했으나 문학과 미술에 더 몰두했고 18세에 첫 희곡을 썼다. 1772년 약혼자가 있는 샤를로테 부프와 사랑에 빠지게 되는데, 이때의 체험을 소설로 옮긴 『젊은 베르테르의 슬픔』이 당시 유럽에서 선풍적인 인기를 끌었다. 1786년 이탈리아 여행을 통해 고전주의 문학관을 확립하고 1794년 실러를 만나 함께 독일 바이마르 고전주의를 꽃피웠다. 1796년에 쓴 『빌헬름 마이스터의 수업시대』는 대표적인 교양 소설이며, 이후에도 『색채론』, 『빌헬름 마이스터의 편력시대』, 『이탈리아 기행』 등을 집필했다. 1773년 24세에 착수해 거의 60년 동안 집필한 대작 『파우스트』를 완성한 이듬해인 1832년 세상을 떠났다.

집이 낡고 비좁아서 살기 불편해지면 사람들은 어떻게 할까? 물론 집을 수리하고 넓힐 것이다. 그런데 집이 너무 낡아서 토대부터 흔들리면? 그렇다면 사람들은 이 집을 허물어뜨리고 새집을 지으려 할 것이다. 유럽의 역사에서 이 낡은 집 파괴와 새집 짓기가 가장 대규모로 벌어진 때는 앙시앵 레짐(구체제)에서 근(현)대로의 변환이 이루어진 시기이다. 이 시기에 신본주의라 불리던 낡은 집은 허물어 뜨려졌고, 인본주의라 불리는 새집 짓기가 시작되었다. 정신적으로는 계몽주의, 정치 사회적으로는 프랑스 혁명으로 대변되는 이 새집 짓기, 인간의 이성으로 새로운 정신적, 사회적 질서를 창조하려는 이 새집 짓기의 기획을 우리는 흔히 '현(근)대성의 기획'으로 부른다. 괴테의 『파우스트』는 이 '현대성의 기획'을 주제로 한 한 편의 현대적 비극이다.

　『파우스트』에서 이 역사적 변혁이 가장 명시적으로 나타난 곳은 「천상의 서곡」이다. 막이 열리고 세 명의 대천사들이 하늘과 땅과 우주의 장엄한 질서와 그 뒤에 숨은, 신이 세계를 창조한 깊은 의미를 찬양하고 경탄한다. 그러나 이어 등장한 메피스토펠레스는 바로 이 신의 세계 창조를 신랄하게 비판한다. 그에게 창조는 근원을 헤아릴 수 없는 신비로운 것이 아니라 그저 "창조주의 실패작"일 따름이다. 메피스토가 신의 세계 창조, 무엇보다도 인간의 창조를 실패작으로 규정하고 그 예로서 무엇에도 만족하지 못하고 방황하는 파우스트의 고통을 들자 신은 비록 그가 지금은 불완전한 존재이지만 미래에는 완전한 인간으로 완성되리라는 확신을 표명한다.

비록 그가 지금은 오로지 혼란 속에서 나를 섬기고 있으나,

나는 그를 곧 밝음으로 인도하리라.(308~309)

악마와 신의 이러한 견해차의 원인은, 메피스토가 철저하게 현재의 상황을 근거로 판단하는 반면 신은 미래의 가능성에 대한 확고한 믿음을 가지고 있는 데서 찾을 수 있다. 위의 인용문에서도 드러나듯이, 신은 창조된 세계의 현재 상황에 대한 메피스토의 비판에 전혀 이의를 제기하지 않는다. 신 역시 지금의 상황, 특히 인간의 현 상태가 완전한 것이 될 수 없다는 사실에 묵시적으로 동의한다. 그러기에 파우스트가 "지금은 오로지 혼란 속에서" 신을 섬기고 있다고 밝힌 것이다. 그러나 신은 파우스트를 미래에 "밝음으로" 인도할 수 있다고 확신한다. 지금 실제로 존재하는 불완전함은 앞으로 완전함으로 개선될 수 있다는 것이다.

악마의 시선이 현재의 상황에 고착되어 있는 반면에 신의 시선은 '미래'로 향해 있어서 '가능성'과 '발전'을 말하고 있다. 말하자면 악마는 철저한 현실주의자이고 신은 이상주의자이다. 신의 견해에 따르면 창조는 완전한 것도 완결된 것도 아닌, 지금도 진행 중인 무한한 형성의 과정, 신의 말에 따르면 "영원히 작용하고 생동하는, 되어 가는 것"이다. 신, 창조, 영원한 되어 감은 하나이다.

왜 신성은 현재의 완전성이 아니라 미래의 발전 가능성에 내재해야 하는가? 왜 창조의 현재 상황은 악이 비집고 들어올 틈이 있을 만큼 불완전해야 하는가? 이러한 물음은 오래전부터 신학과 철학의 커다란 화두였다. 독일의 철학자 프리드리히 니체는 창조주가 자신이

창조한 세계의 궁극적인 완결성에, 더할 나위 없는 창조의 완전함에 지루함을 느낀 나머지 스스로 악을 만들어 냈다고 말한다. 모든 것을 "너무나 아름답게" 만들었고, 이 완전함에 싫증이 나서 마지막 날 작업을 끝낸 뒤 "스스로 뱀이 되어 인식의 나무 아래 똬리를 틀었다"는 것이다. 즉 악마는 그저 그 일곱 번째 날의 신의 권태로움인 것이다. 절대적으로 완결된 것은 더 이상 보완할 필요가 없기에 어떠한 움직임도 없는 정체일 수밖에 없다. 따라서 절대적으로 완결된 것은 미래가 없으며 역사도 가질 수 없다. 신이 창조한 최초의 파라다이스는 그러므로 "역사의 부정이며 신의 무료함의 상징"이다. 악이 생성된 다음에야, 다시 말하면 창조가 불완전해진 다음에야 비로소 '미래'에서의 '완성'을 위한 움직임이 가능하게 되고, 세계는 역사를 가질 수 있게 된다. 신에게 다시금 할 일이 생긴 것이다.

괴테가 창조와 악의 근원에 대해서 니체처럼 냉소적으로 생각했는지는 알 수 없다. 그러나 괴테 역시 모든 완성된 것의 필연적 정체성에 깊은 의구심을 품었고, 악이 역사를 움직이게 하는 동인이 된다고 인식했던 것은 사실이다. 그가 에커만과 나눈 대화에서 한 다음 말이 이러한 사실을 증명해 준다.

신성은 (……) 죽어 있는 것이 아니라 살아 있는 것에서 활동한다. 신성은 되어 버린 것과 굳어 버린 것이 아니라, 되어 가는 것, 변해 가는 것에 내재한다.

「천상의 서곡」에서 신과 악마가 파우스트의 영혼을 두고 한 내기는 궁극적으로 창조의 본성이 과연 '되어 감'인지 아닌지에 대한 내기이다. 파우스트가 "밝음"으로 나아갈 수 있다면, 다시 말해 그가 완성된 인간으로 될 수 있다면, 아직 불완전한 창조는 완전한 창조로 발전할 수 있을 것이다.

그러나 이 내기에서 정말 유의해야 할 것은 "밝음"으로 나아가는 행위, 즉 현재의 불완전한 창조를 완전한 창조로 만들어 가는 행위의 주체가 더 이상 신이 아니라, 파우스트 또는 그로 대변되는 인간이라는 사실이다. 이러한 사실은 지상에서의 인간과 악마의 관계에 더이상 관여하지 않겠다는 신의 선언에서 극명하게 드러난다. "당신이허락만 하면/ 그를 나의 길로 천천히 끌어 내리리다."라는 악마의 자신에 찬 제의에 신은 "그가 지상에 살고 있는 한,/ 그것은 네게 금지되어 있지 않노라."라는 대답으로, 그리고 이어지는 "그럼 좋다, 네게 맡기겠노라."라는 거듭된 확인으로, 이 세상에서 벌어지는 인간과악마의 싸움에서 인간의 편에 설 의사가 없음을 분명하게 밝힌다. 그리고 신은 이러한 지상 세계로부터의 은퇴 선언을 충실히 이행한다. 「천상의 서곡」 이후 신은 전혀 무대에 등장하지 않는 것이다. 따라서파우스트는 이제 오로지 혼자의 힘으로 악마의 유혹에 대항하며, 신의 은혜와 자비 없이 선과 악을 구분하고 자기 판단에 따라 도덕적행위를 해야 한다. 다시 말해 파우스트와 그가 대변하는 인간은 싫든좋든 신의 후견에서 벗어나 '성숙한' 존재가 되어야 하는 것이다.

신의 퇴장, 니체의 표현에 따르면 "신의 죽음"은 무엇을 의미하는것일까? 이는 무엇보다도 인간이 인간으로서의 모든 약점에도 불구하고 자유로운 존재가 되었음을 뜻한다. 신은 더 이상 '주님', 즉 '주인님'이 아니며 그가 "나의 종"이라 부른 파우스트는 더 이상 신에게 예속된 존재가 아니다. 이제 그는 스스로의 주인이 된 것이다. 다시 말해 그는 더 이상 신에 의해 결정되는 존재가 아니며, 자신의 삶과 세계를 능동적으로, 스스로의 행동을 통해 만들어 나가는 존재가 된 것이다. 이 지상 세계에서 인간은 더 이상 수동적인 '피조물'이 아니라 영원한 되어 감을 실현해 나가는 능동적인 '창조주'이며, 이제 창조는 신의 일이 아니라 인간의 과제가 된 것이다. 따라서 궁극적인 완성을 향한 영원한 되어 감은 신화적 본성을 상실하고 인간의 영역에 들어서서 인간의 '역사'로 탈바꿈한다. 이제 인간이 역사의 행위자로서, "역사의 능동적 주체"로서 역사를 발전의 과정으로 만들 수 있다면, 신에서 인간으로 주인이 교체되는 것은 큰 의미를 갖는 성공작일 것이다. 이 관점으로 본다면 「천상의 서곡」은 중세적 신본주의의 종말을 고하는 더할 수 없이 극명한 현대적 인본주의의 선언이다.

'신의 죽음'으로 상징되는 신본주의의 몰락, 즉 기독교의 몰락은 어떤 결과를 가져왔을까? 짧게는 16세기 르네상스 시대까지, 길게는 18세기 계몽주의 시대까지 유럽의 정신적 세속적 질서의 구심점이었으며, 유럽이라는 거대한 세계를 기독교적 동질성을 지닌 공동체로 유지해 왔던 종교의 몰락은 필연적으로 이 공동체의 해체를 초래했다. 구심력을 잃어버렸기에 더 이상 통일적인 '전체'로 기능할 수 없는 세계는 무수히 많은 조각으로 흩어졌고, 바로 이 폐허의 조각들에서 현대적 주체가 탄생했다. 더 이상 공동체를 이루지 못하고 홀로 고립되어, 자유로우나 자신을 이끌어 줄 어떠한 지침도 없이, 오로지 자신의 책임 아래 자신만의 삶을 영위하고 이 삶에 가치를 부여할 의미를 홀로 찾아야 하는 현대적 인간이 태어난 것이다. 리하르트 바그너의 표현대로 현대적 인간은 기독교라는 "공동의 아름다운 합일체에서 벗어난", 그래서 "자기중심적이며 절대적인 개별 인간"인 것이다.

　기독교가 유럽에서 모든 질서의 구심점이 될 수 있었던 것은 사람들이 기독교적 교리와 이에 의거한 세계 해석을 절대적 진리와 절대 선으로 믿었기 때문이다. 그리고 기독교 교회는 이를 유지하기 위해 기독교적 세계 해석을 전복하거나 상대적인 것으로 전락시킬 우려가 있는 모든 것을 악마시하고 금했다. 이 금기의 선을 넘어서는 학문적인 물음이나 욕망의 추구는 죄악으로 단죄되었다. 교회가 진리로 내세운 천동설을 부정하고 지동설을 주장한 갈릴레오 갈릴레이가 종교 재판을 받은 사실은 이 금기의 엄격함을 상징하는 실례일 것이다. 현대 자연과학의 효시로 간주되는 연금술이 악마적 '마법'으로 규탄을 받은 것도, 또 수많은 사람들이 인간의 본능적 욕구를 제한하는 금기의 벽을 넘어서려다 종교 재판을 받고 화형에 처해진 것도 같은 맥락에서 이해할 수 있다. 기독교적 중세를 이른바 '암흑시대'로 만든 이 마녀사냥이 18세기에 이르기까지 지속된 사실은 기독교 교회가 모든 수단을 다하여 절대적 지위와 권위를 지키려고 했음을 보여 준다. 바로 이런 종교가 몰락한 것이다. 이제 현대의 주체적 인간들은 이 기독교적 금기가 제한한 선을 넘어설 수 있게 되었다. 이른바 절대자의 이름으로 인간에게 주어졌던 한계를 넘어서려는 현대의 시대적 욕구를 가장 극명하고 열정적으로, 그래서 가장 비극적으로 구현한 인물이 바로 괴테의 파우스트이다. 그는 어떠한 한계도 인정하지 않으려고 한다.

예를 들면 파우스트는 근원적인 진리를 알고 싶어 한다. "이 세계를 가장 내밀한 곳에서/ 결속시키고 있는 것이 무엇인지를", 즉 절대적 존재에게만 허용된 근원적 진리를 알고자 한다. 그는 또 그의 자아를 "전 인류의 자아로 확대"하려는 무제한적인 자아실현의 욕구도 가지고 있다.

> 그리고 전 인류에게 나뉘어 주어진 것,
>
> 그것을 나는 내 내면의 자아에서 향유해 보련다,
>
> 내 정신으로 가장 높은 것과 가장 낮은 것을 움켜잡고,
>
> 그들의 행복과 불행을 내 가슴 안에 쌓아 올리려 한다,
>
> 그렇게 해서 나 자신의 자아를 인류의 자아로 확대하련다.(1770~1774)

말하자면 파우스트는 전체 인류에게 나뉘어 주어진 것을 '모두' 자기 안에 한데 모으려 하는 것이다. 인류가 전체로서 가지고 있는 모든 것들, 그러나 무수한 개인들에게 나뉘어 있어서 결코 한 개인에게 통합될 수 없는 것들, 인간의 모든 가능성과 잠재력, 모든 본성과 성향, 그들의 신성("가장 높은 것")과 동물적 본능("가장 낮은 것"), 역사가 시작된 이후 인류가 지금까지 경험했고 지금도 경험하고 있으며 또 앞으로도 경험하게 될 모든 것(인류의 "행복과 불행", 즐거움과 고통, 성취와 좌절 등)을 자신의 것으로 만들려고 한다. 그는 시간과 공간을 초월한, 총체적이며 글자 그대로의 전인적 인간, 인류 전체와 인간성의 모든 것이 완전하게 응집되고 구현된 개인이 되려고 하는 것이다. 그

『파우스트』와 현대성의 기획

의 궁극적인 목적이 이처럼 인간으로서 결코 도달할 수 없는 절대적인 것이기에 그는 결코 만족할 줄 모른다. 어떠한 성취에도 만족하여 머물 수 없는, 말하자면 항시 굶주린, 항시 더 높은 목적을 향해 돌진해 가는 존재이다. 이러한 끝없는 움직임, 끝없는 자아실현의 과정은 파우스트의 전 존재를 무한히 역동적으로 만든다. 그러기에 "앞으로의 돌진"은 파우스트적 본성을 가장 잘 나타내 주는 말일 것이다.

파우스트가 메피스토에게 제안한 내기의 근저에도 악마가 무엇으로도 자신을 궁극적으로는 만족시킬 수 없다는 확신이 자리하고 있다.

네가 언젠가 나에게 감언이설로 아첨하여,
나 자신이 스스로 만족하게 되면,
(……)
그것이 나의 마지막 날이 되게 하자!(1694~1697)

주어진 또는 쟁취한 어떤 것으로도 충족될 수 없는 파우스트적 욕구는 그의 삶을 끝없는 행동의 추구로 이끌어 간다. 인간은 욕구를 충족시키려고 노력하고 행동하기 때문이다. 이처럼 파우스트에게 삶은 어떠한 순간에도 움직이고 행동하기에 '멈춤'이나 '안주' 등은 파우스트적 존재의 자아 정체성을 파괴하는 개념들이다. 그렇기에 그는 무엇을 향해서도 "머물러 다오! 너는 너무나 아름답구나!"라고 말하지 않으려는 절대적인 확신을 가질 수 있다.

내가 어느 순간을 향하여

머물러 다오! 너는 너무나 아름답구나라고 말한다면,

(……)

그때 나는 기꺼이 죽음을 맞이하리라!(1699~1702)

　

　이처럼 파우스트가 어떤 목표에 도달해도 만족하지 못하고, 하나의 목적에 이르면 바로 또 다른 목적을 지향하기에, 그의 현존은 항시 과도기적 삶이며, 그의 시선은 항시 미래를 향해 있다. 그는 매번 철저하게 자신이 이룬 현실을 부정하고 새로운 현실의 창조를 꾀하는 것이다. 그러나 그가 미래의 어떠한 목적도 자신을 궁극적으로 만족시킬 수 없음을 '미리' 알고 있기에, 그에게 미래는 '희망'의 이름으로 다가오지 않는다. 미래는 예견된 '절망'이다.

　이러한 파우스트적 절망은 그가 총체적이고 근원적인 자기완성을 이루지 못하는 한, 다시 말해 그가 신적인 존재로 자신을 완성시키지 못하는 한, 극복될 수 없다. 즉 완전한 신적 존재라는 도달할 수 없는 목적을 향해 가는 과정에서 이룬 '특정한' 성취들은 그것이 어떤 것이든, 그를 절망에서 구원할 수 없는 것이다. 말하자면 파우스트적 절망은 다른 절망과 달리 '특정한 대상'이 없으며 '특정한 원인'을 찾을 수 없는 보편적이고 절대적인 절망이다.

　그러나 파우스트의 절대적 절망은 바로 그 절대성으로 인해 '희망의 원칙'으로 환원될 수 있다. 만일 파우스트가 추구하는 목적이 권력이나 부, 또는 세속적 향락처럼 구체적이고 특정한 것이라면, 그래서 이것이 현실에서 성취할 수 있는 것이라면, 그는 미래의 언젠가는 이 목적에 이를 것이고 추구하기를 멈출 것이다. 파우스트는 "편안하게 안락의자에" 누울 것이다. 그러나 그렇게 되면 인간은 미래에 더 이상 아무것도 기대할 것이 없게 되며, 역사는 더 이상 앞으로 나아가지 못하게 된다. 모든 것은 정체에 빠질 것이고 시간은 아무런 창조적 행위도 품에 안지 못하는 무의미한 물리적 흐름이 될 것이다.

희망은 아직 존재하지 않는 것에 대한 요구이자 바람이다. 따라서 이 요구가 충족되면 희망은 사라진다. 희망이 가능하려면 인간은 다시금 아직 존재하지 않는 또 다른 것을 향한 욕구를 가져야 한다. 에른스트 블로흐의 표현대로 희망은 "아직 존재하지 않는 것의 존재론"이다. 이 존재론은 인간에게 모든 성취한 것, 이룩한 것, 도달한 것을 모두 뛰어넘을 것을 요구한다. 이 관점에서 본다면 결코 도달할 수 없는 목적을 '절망적'으로 갈구하는 파우스트야말로 영원한 희망의 소유자이며, '희망의 원칙'을 상징하는 인물이라 할 것이다.

파우스트가 이루어진 어떤 것으로도 만족하지 못하고, 끊임없이 이것을 뛰어넘는 새로운 것을 바라고, 또 이를 위해 행동하는 인물이라면 메피스토는 어떤 이루어진 것도 결국은 소멸할 것이고, 그러니 아무런 의미가 없으며, 그러니 어떤 것을 이루려는 시도나 노력 역시 무의미하다는 '절망의 원칙'을 존재의 기반으로 삼고 있다. 그는 자신의 말대로 "부정(否定)하는 정신"이다.

나는 항시 부정하는 정신이오!
그런데 그건 정당한 일이지요, 그럴 것이 생겨나는 일체의 것은
의당 멸망하는 가치밖에 가지지 못했으니 말이지요.

그러니 차라리 아무것도 생겨나지 않는 것이 더 좋을 것이오.

그래서 당신들이 죄니

파괴니, 요컨대 악이라고 부르는 것이

나의 본래의 요소이지요.(1338~1344)

위의 인용문에서 메피스토는 "죄"와 "파괴"를 그의 악이 가진 두 가지 본성으로 제시한다. 그는 "생겨나"고 존재하는 모든 것의 가치를 철저하게 부정한다. 그의 부정은 모든 존재에 대한 근원적 부정이며, 그가 말하는 "파괴"는 존재의 박탈을 의미한다. 그는 이러한 부정과 파괴를 "죄"로 규정하는 데 동의하지 않는다. 생겨나는 일체의 것은, 가장 단순하고 원론적인 물리적 법칙에 따라서 궁극적으로는 없어지게 마련이기 때문이다. 메피스토는 이러한 소멸의 필연성에 대한 무지가 존재를 파괴하는 행위를 죄라고 부르는 원인이라고 항변한다.

메피스토는 파우스트가 죽은 직후 그와의 긴 여정을 돌아보며 다시 한 번 존재와 무, 생성과 소멸이라는 양극적 이원론에서 부정과 파괴라는 자신의 본성을 정당화한다.

지나갔다고! 어리석은 말이로다.

지나간 것과 순수한 무(無)라는 것은 완전히 같은 것이다.

이 영원한 창조가 무슨 소용이 있단 말인가!

창조된 것은 모두 허무 속으로 끌려가기 마련인데!

(……)

『파우스트』와 현대성의 기획

나는 그 대신 저 영원한 공허를 좋아한다.(11595~11603)

메피스토가 이처럼 창조의 역사를 덧없음의 전시장으로 이해하기에, 모든 것이 궁극적으로는 '소멸을 지향한다'는 확신은 이 악마에게 가장 근원적인 우주의 원칙이다.

위의 두 인용문은 악마가 자신의 확신과 원칙을 철저하게 물리적, 경험적 세계에서 도출했음을 분명히 보여 준다. 말하자면 악마적 '진리'는 현실 세계의 물리적 법칙을 근거로 하는 현실주의적 세계관인 것이다. 이는 앞서 분석한 신의 미래 지향적 이상주의에 대해 자신의 현실주의적 관점을 대치시킨 악마의 본성과 상응한다. 악마는 철저한 경험론적 현실주의자인 것이다. 그렇다면 이 악마적 현실주의는 구체적으로 어떠한 성격을 가지고 있는가?

우선 지적할 수 있는 것은 이 현실주의가 가지는 강한 반사변적(反思辨的) 성격이다. 미래에 대한 전망은 기본적으로 사변적이다. 현실을 통한 구체적 실증이 뒷받침되지 못하기 때문이다. 그렇기에 경험을, 그리고 물질적인 실증을 거치지 않은 모든 것에 대한 불신과 회의는 메피스토적 현실주의의 근간을 이룬다. 물질적인 것의 한계를 넘어서는 형이상학적 초월이나, 실체적 현상들에서 정신적인 이념을 도출해 내는 것은 이 악마에게는 거짓이자 위선적인 사기 행위이다. 그렇기에 이 악마는 물질적인 것, 현상적인 것 위에 존재할 수 있는 어떤 정신적, 초월적 질서도 인정하지 않으며, 이러한 질서에 대한 열정이나 믿음에 대해 철저하게 반어적이며 풍자적인 태도를 견지한다. 이런 관점에서 메피스토는 이데올로기 비판의 전형적 표본이며,

고조된 이념적 열광의 허상을 폭로하는 데 최상의 정신 자세를 가진 존재다. 모든 열광에 대해 그는 차가운 조소로, 이른바 모든 '진리'에 대해 날카로운 비판으로 맞선다. 현대 철학의 용어를 빌리자면 이 악마는 철저한 해체주의자이다.

메피스토적 현실주의가 날카로운 비판과 아이러니, 이념과 열광의 허상과 모순을 꿰뚫어 보는 안목, 그리고 번뜩이는 기지와 재치로 무장되어 있다는 것은 이 현실주의가 하나의 독특한 '이성(理性)'에 기반을 두고 있음을 말해 준다. 즉 현실적 합리주의가 악마적 본성의 기본 틀을 구성하고 있는 것이다. 이 합리주의가 현실적이기에 그 바탕이 되는 이성은 현실의 모든 현상을 현실성의 한계 안에서 이해하고 분석한다. 현실의 차원을 넘어서는 사변적 추론이나 물질적 차원을 넘어서는 도덕적 요구 등은 이 합리성의 영역에 속하지 않는다.

메피스토의 합리성은, 모든 초월적 질서나 도덕적 제약 또는 종교적 계율을 거부하기 때문에, 오로지 '타산적(打算的)'일 수밖에 없다. 그리고 이 합리성의 근간이 현실주의이기에 메피스토적 합리성은 철두철미하게 현실적 이해타산의 형태를 띠게 된다. 다시 말하면 이 합리성은 필연적으로 현실적 이해관계 위주의 강한 유용론적 성격을 가지게 되는 것이다. 그리고 이 유용론적 성격에는 스스로를 비판적으로 성찰하는 능력이 없기에, 이 합리성은 자신이 추구하는 현실적 목적을 위한 최상의 수단을 계산해 내는 데 전념할 뿐 목적이나 수단의 도덕적 가치는 전혀 고려하지 않는다. 따라서 이 악마적 합리성에서 사유는 오로지 '도구'로서만 기능할 뿐이며, 이 합리성이 추구하는 목적은 "진실이나 도덕의 어떤 가치와도 동질성을 지니지 않는다." 메피스토의 다음과 같은 발언은 이러한 '도구적 이성'의 본성을 적나라하게 보여 준다.

힘이 있으면 권리도 있는 법,

무엇을 했느냐고 묻지, 어떻게 했느냐고 묻지 않는다.(11184~11185)

지금까지의 설명에서 분명해진 것처럼, 메피스토의 부정과 파괴는 인간의 행동 자체를 향한 것이 아니다. 그가 부정하려는 것은 인간의 행동이 미래에 어떤 가치를 창조할 가능성을 내포한다는 관점이며, 그가 파괴하려고 하는 것은 이러한 가능성에 대한 믿음이다. 메피스토에게 인간의 행동은 결국은 소멸하고 말 쓸모없는 것들을 되풀이해서 생산하는 무의미한 것이고, 따라서 이러한 행동이 지속되는한, 인간의 삶과 존재 자체도 무의미한 것으로 귀결되어야 한다. 이러한 악마의 견해가 옳은 것으로 판명된다면 그 결과는 파멸적일 것이다. 지금의 상황으로는 불완전한 존재이며, 빛과 암흑 또는 신성과 동물적 본능이라는 모순된 본성 사이에서 방황하고 고통을 감내해야하는 인간에게 미래의 가능성과 희망이 부정된다면 인간의 삶과 세계의 존속은 아무런 의미도 지니지 못할 것이기 때문이다.

니체는 인간의 비극이 그가 이 세상에서 겪어야 할 고통 때문이아니라 이 고통의 의미에 대해서 회의해야 하는 것 때문에 생겨난다고 말한다.

그러나 인간의 문제는 고통 그 자체가 아니라 '무슨 목적으로 고통을 당해야 하나?' 하는 절실한 질문에 답이 없다는 사실이다. (……) 인간은 고통 자체를 부인하지는 않는다. 그 고통의 의미가 분명하다면, 즉 고통의 목적이 드러난다면, 그는 고통을 바라고 심지어는 추구할 것이다. 고통 그 자체가 아니라 고통의 의미 없음이 인류 위에 내려진 저주였다.

메피스토는 바로 이 고통의 의미를, 즉 삶의 의미를 부정하고 파괴하는 존재이다. 미래에 대한 희망은 의문시되고 해체되어야 하며, 인간의 모든 행동은 내적 가치를 박탈당해야 한다. 다시 말해 삶은 영원히 의미 없는 반복이 되어야 하며, 세계의 역사는 발전이 아니라 끝없는 순환을 거듭해야 한다. 이러한 해석의 마지막 결론은 극한적 허무주의와 의미 없는 존재에 대한 절망일 것이다. 그리고 절망은, 실존주의 철학자 키르케고르에 따르면 "죽음에 이르는 병"이다.

이 비극은 "일체의 무상한 것은/ 한낱 비유일 뿐,/ (……) / 영원히 여성적인 것이/ 우리를 이끌어 올리도다."라는 "신비의 합창"으로 막을 내린다. "일체의 무상한 것은 한낱 비유"라는 말은 모든 현상적인 것, 소멸하는 것은 또 다른 실체, 더 높은 차원의 실체에 대한 비유일 뿐, 그 실체는 아니라는 의미일 것이다. 그러나 메피스토에게 또 다른 실체는 존재하지 않는다. 지각할 수 없고 경험할 수 없는 현상 뒤편의 실체는 그에게 환상이며 거짓일 뿐이다. 모든 존재는 소멸하며 그 끝은 허무라는 절망과 부정의 철학만이 이 악마에게는 진리인 것이다.

파우스트와 메피스토 사이의 내기는 궁극적으로는 이 두 원칙 중 어느 것이 옳은 것인가에 대한 내기이다. 두 사람은 누가 옳은지를 가리기 위해 세상으로 나가기로 한다.

「마녀의 부엌」에서 메피스토의 도움으로 젊음을 되찾은 파우스트가 악마와 함께 지상 세계에서 본격적인 편력을 시작한 후 첫 번째로 맞닥뜨린 것은 그레첸이라는 순박한 처녀와 그녀로 대변되는 소시민적 목가(牧歌)의 세계이다. 처음 보자마자 그녀의 천진함과 젊음에 매료된 파우스트는 그레첸에게 접근하고, 두 사람 사이에는 곧 열정적인 사랑이 싹트기 시작한다. 그러나 이 사랑의 결과로 그레첸과 그녀의 목가적 세계는 처참하게 파괴되고, 두 사람 모두 끔찍한 파탄을 맛보아야 했다.

왜 파우스트는 소시민 계층의 평범한 처녀 그레첸에게 강한 매력을 느꼈을까? 드높은 학식과 성찰 능력을 지닌 그가 배움도 부족하고 가난하며 사고력도 제한적인 그레첸에게 그토록 끌린 이유는 무엇일까?

끝없이 더 나은 것을 추구하는 파우스트, 그래서 결코 안주할 수 없는 파우스트는 그의 말대로 "영원한 방랑자"이자 "집 없는 자"이다. 그리고 정처 없이 떠돌며 삶의 불안정에 지친 모든 방랑자와 마찬가지로 파우스트 역시 '집'과 '안정'을 동경할 수밖에 없다. 비록 이 동경이 행동하는 인간으로서의 그의 정체성에 심각한 위협이 된다 할지라도 말이다. 바로 이러한 이유에서 목가적 세계는 방랑자에게 영원한 동경의 대상이 된다. 목가는 대도시의 차갑고 비인간적인 문명이 아니라 자연 순응적이며 인간적인 삶을 본성으로 하기 때문이다. 목가는 비극이나 파탄을 불러올 수 있는 열정이나 격렬한 움직임이 아니라 정적인 평온함을, 투쟁이나 갈등이 아니라 화해와 조화와 질서를, 그리고 자아 실현적 의지가 아니라 자아 제한적인 절제를 본성으로 한다. 목가가 목가이기 위해서는 정체와 제한을 본성으로 가져야 하는 것이다. 그러기에 어느 학자는 목가를 "가장 순수하고 근원적인 형태의 제한"으로 정의하고 있다.

그레첸의 소시민적 목가는 엄격하나 따뜻한 아버지가 다스리는 가정에 비유할 수 있다. 부유하지는 않으나 풍요로우며 깨끗하게 정돈되어 있는, 그리고 아버지를 중심으로 엄격한 질서를 유지하면서도 화목한 가정 말이다. 그런데 이러한 가부장적 사회에서는 가부장, 즉 이 사회를 이끄는 어른들의 권위가 절대적이다. 그레첸이나 그녀의 어머니가 목사의 말을 조금의 의심도 없이 따르는 것은 목사와 교회가 이 사회의 가부장으로서 거역할 수 없는 권위를 지녔기 때문이다.

그러나 이처럼 가부장의 권위가 절대적이기 위해서는 이 권위에 대한 절대적인 믿음이 전제되어야 한다. 의심이나 회의, 비판은 따라서 이 사회의 가장 커다란 적이자 위협이다. 그레첸이 파우스트에 대한 사랑으로 인해 이 소시민적 목가의 금기를 어긴 후, 말할 수 없는 고통과 모욕과 박해를 받은 것은 이러한 이유에서이다. 모든 가부장적 사회의 공통점은 구성원들의 순박한 의식이다. 좋게 말하면 어린애같이 순진무구한, 나쁘게 말하면 비판적 의식이 결여된, 즉 의식 수준이 낮아 사유할 능력이 없는 구성원들이 있어야 한다. 이들이 무비판적으로 가부장의 질서를 따르기에 이런 사회에는 갈등이 있을 수 없다. 모든 것이 평화롭고 안정되어 있고 변화가 없다. 즉 목가의 평온은 무덤 속의 평온인 것이다.

이렇게 철저하게 정체되어 있는 사회에서 행동과 한계 돌파를 본

57 　　　　　　　　　　　　　　　　　　　　『파우스트』와 현대성의 기획

성으로 하는 파우스트가 안식처를 찾을 수 없는 것은 지극히 당연한 귀결이다. 파우스트가, 비록 한때나마, 그레첸을 진심으로 사랑한 것은 사실이나 그는 이 사랑에 얽매여 있을 수 없었다. 이 사랑은 결국 비극적 파탄으로 종결된다.

『파우스트』 2부의 헬레네 비극 역시 목가적 세계가 파우스트의 안식처가 될 수 없음을 보여 준다. 헬레네는 절대적 아름다움의 상징이다. 이러한 헬레네와의 결합이 파국으로 끝났다는 것은 헬레네로 상징되는 아름다움의 세계 역시 파우스트의 역동적 본성을 포용할 수 없음을 말해 주는 것이다.

파우스트와 헬레네의 미적 합일, 그리고 이 합일의 장소인 아르카디아의 목가 또한 목가이기에 그 본질은 모든 행동의 정지이다. 다만 그레첸의 소시민적 목가와는 성격이 다르다. 그레첸의 목가는 말하자면 시간의 멈춤이다. 역사의 발전과 진행이 정지된 곳이다. 그러나 헬레네와의 미적 합일은 하나의 예술적 엑스터시(ecstasy), 황홀하고 충만한 몰아적 경지이다. 합일의 순간 그들의 '지금'과 '이곳'의 현존에는 그들 존재의 모든 것이 집중된다. 즉 그들의 존재가 가진 모든 가능성이 활짝 펼쳐짐으로써 극한적으로 고양된 현존을 체험하는 것이다. 이 고양된 현존은 과거로부터 자유롭다. 과거의 그들의 행적이 여하했든 간에, 행복했든 불행했든, 도덕적이었든 아니면 죄악으로 가득 찼든, 이 합일 순간의 현존에는 아무런 영향도 미치지 못하는 것이다. 이 현존은 또한 미래로부터도 자유롭다. 즉 미래에 대한 불안이나 두려움, 혹은 기대나 희망도 지금 이 순간에는 아무런 의미나 가치를 가지지 못한다. 이 순간의 삶은 너무나 충만하고 너무나 아름다우며 완전하기에 그 자체로서 가치 있으며, 그 자체로서 목적이 되기 때문이다. 이른바 진리 추구나 도덕적 가치, 혹은 헤겔 철학적인 역사 의식, 즉 '역사는 끝없는 발전의 과정이어야 한다.' 등등의 당위적 의 식도 전혀 상관이 없다. 이처럼 이 현존이 과거로부터도 미래로부터 도 자유로운, 즉 '절대적' 현존이기에 시간의 흐름에서, 말하자면 역 사의 진행에서 벗어나 있는 것이다. 무엇의 성취를 목적으로 하는 행 동은 이 현존에서는 불가능하다. 오로지 이 순간에서의 충만한 삶의 향유만이 이 현존의 전부이다.

그러나 이 절대적 현존이 역사의 흐름에서 벗어나 있다는 것은 이 현존이 역사적 현실의 저편에 있다는 의미이기도 하다. 현실이 아 니라 하나의 현실 도피이며, 그래서 현실로부터 자유로운 환상이나 이른바 '순수 예술'의 영역에서나 가능한 현존인 것이다. 파우스트와 헬레네가 같이 살았던 '아르카디아의 목가'는 오로지 환상의 산물이 었다. 이 목가는 완전하고 자유로울 수 있으나, 비현실적이며, 그래서 현실과 조우하면 깨지기 마련이다. 파우스트와 헬레네의 아들이자 순수 예술을 상징하는 오이포리온이 현실에 개입하려고 하는 순간 추락하여 죽고 마는 것은 바로 이러한 이유에서이다. 아르카디아의 목가 역시 그레첸의 소시민적 목가와 마찬가지로 끊임없이 추구하고 행동하는 인간 파우스트가 안주할 수 있는 곳이 되지 못한다.

파우스트는 그레첸과의 사랑이 확인되는 순간 땅과 물과 하늘의 모든 살아 있는 존재들과 하나가 되는 희열을 체험한다. 그럼에도 그 는 이 순간을 향하여 "머물러 다오! 너는 너무나 아름답구나!"라고 말하지 않는다. 헬레네와의 절대적 현존의 순간에도 파우스트의 입에서는 이 말이 나오지 않는다. 목가는 정체이자 행동의 부정이기 때문이다.

그러나 파우스트는 죽기 직전 그가 꿈꾸던 이상적 세계의 환영을 보고는 "머물러 다오! 너는 너무나 아름답구나!"라는, 그가 메피스토와의 내기에서 조건으로 내걸었던 말을 한다. 이는 그가 비록 환영 속에서나마 안주할, 더 이상의 행동이 필요 없는 절대적 휴식처를 찾은 것을 의미한다. 그렇다면 파우스트의 '희망의 원칙'은 더 이상의 '희망'을 찾을 수 없기에 궁극적 진리로서의 존재 의미를 상실한 것일까? 그는 메피스토와의 내기에서 지는 것일까? 무엇보다도 이 환상 속의 세계는 어떠한 본성을 가지고 있기에 파우스트에게 궁극적인 휴식처가 될 수 있는가? 이 물음들에 대한 답을 찾기 위해서 앞서 말했던 '지상 세계로부터의 신의 퇴장'과 인간을 "종"에서 "주인"으로 해방시킨 인본주의의 대두가 어떤 역사적 의미를 가졌는가를 좀 더 살펴보기로 한다.

신의 퇴장, 달리 말하면 유럽이라는 세계의 질서를 이루는 구심점이었던 기독교의 몰락은 필연적으로 이 세계의 총체적 개편을 불러왔다. 기독교 교회의 세계 해석이 절대적 진리로서의 권위를 상실하였기에 이제 인간은 새로운 진리를 찾아서 이 진리에 의거한 세계를 다시 형성해야 한다. 비극 1부 「서재」에서 파우스트가 성서를 번역하는 대목은 이러한 맥락에서 이해할 수 있다. 파우스트는 "이렇게 쓰여 있도다. '태초에 말이 있었다!'"라는 요한복음의 구절에 나오는 "logos"를 '말' - '뜻' - '힘' - '행동'의 순서로 번역한다.

파우스트가 그리스어 logos를 '말', '뜻', '힘'을 거쳐 마침내는 '행동'으로 번역한 것은 '행동'만이 올바른 번역이며 '말', '뜻', '힘'은 잘못된 번역이라는 의미는 물론 아니다. 파우스트는 이 네 가지 번역을 종합해야만 비로소 logos의 진정한 의미를 나타낼 수 있다는 것을 암시하고 있다. 말은 가르침, 즉 진리의 언어적 현현(顯現)이며, 뜻은 이렇게 문자화된 가르침 안에 들어 있는 깊은 의미, 즉 내용이다. 추상적 이념인 뜻은 말 없이는 나타날 수 없으며, 반면에 뜻이 없는 말은 공허한 껍데기에 불과할 따름이다. 그리고 힘은 이 문자화된 진리가 실현되기 위한 필수적인 전제 조건이다. 현실에서 힘이 없으면 아무것도 이루지 못하기 때문이다. 마지막으로 행동은 진리의 구체적인 실천을 의미한다. 이 실천적 행동이 따르지 않으면 진리는 아무런 가치가 없는 한갓 구호에 그칠 뿐이다. 파우스트가 logos에서 단계적으로 여러 의미를 도출해 내고, 이를 최종적으로 '행동'이라는 개념으로 종합한 것은 따라서 '번역'이 아니라 '해석'으로 이해해야 할 것이다.

'이념은 행동이 되어야 하고 말은 육신이 되어야 한다.' 이 믿음은 독일 이상주의자들의 꿈이자 목표였다. 그러나 이념과 언어의 관계는 그렇게 단순하지가 않다. 사상과 이념으로서의 진리와 언어적 현상으로서의 진리 사이에는 극복할 수 없는 모순이 내재해 있기 때문이다.

이념은 그 자체로서 추상적이다. 따라서 이념은 현실 세계에 직접 나타날 수 없다. 이 세계에서는 단지 물질적, 감각적 현상만이 경험이나 직관의 대상이 될 수 있기 때문이다. 그런데 이념을 현상으로 만들기 위해 예로부터 사람들이 가장 자주 사용한 수단은 언어였다. 즉 대부분의 이념들은 문자로 고착되어 현상이 되었고, 인간은 언어적 현상으로서 이념을 대했다. 키르케고르의 규정처럼 "사상, 즉 의도된 의미는 본질이며 말은 현상인 것이다."

그러나 이념은 현상화 과정에서 '언어'라는 현상화 수단이 가진 모든 한계와 제한을 받아들여야 하고, 그래서 필연적으로 본래의 순수성을 상실하게 된다. 예를 들면 이념은, 괴테의 말처럼, "공간과 시간으로부터 자유롭다." 반면에 언어는 특정한 시대와 특정한 지역의 사유 방식, 생활 습관 또는 생존의 조건 등에 얽매여 있다. 따라서 이념은 언어화되려면 언어에 투영된 시대의 역사적 특성들에 자신을 맞춰야 한다. 이념의 역사적 초월성이 시대의 고유한 역사적 특성을 지닌 틀 안에서 특성화되는 것이다. 마치 물의 모양이 담긴 그릇에 따라 달라지듯이 말이다. 요컨대 어떠한 이념도 그 '뜻'을 '말'을 통해 완전하게 드러낼 수 없다. 언어화된 이념은 원래 이념의 상징적 현현일 뿐, 이념 자체는 아닌 것이다. 괴테는 이 관계를 다음과 같이 비유적으로 설명하고 있다.

인간 예수를 흠모하며 경외심을 표하는 것이 내 본성에 맞느냐고 누가 묻는다면, 나는 '물론이다.'라고 말할 것이다. 나는 도덕성의 지고한 원칙을 드러내는 신적 계시로서 그에게 머리를 숙이는 것이다. 태양을 경배하는 것이 내 본성에 맞느냐고 누가 묻는다면 나는 다시금 '물론이다!'라고 말할 것이다. 왜냐하면 태양은 마찬가지로 가장 지고한 것의 한 계시이기 때문이다. 태양은 아마 우리 인간들이 감지할 수 있는 가장 강력한 계시일 것이다.

인간 예수는 도덕성의 지고한 원칙을 간접적으로 나타낸 인물이지 원칙 자체는 아니다. 비록 "신적"이라는 형용사로 수식되고 있지만 괴테의 관점에서 예수는 도덕성이라는 원칙의 육체적 담지자일 뿐이다. 같은 맥락에서 괴테는 태양을 "가장 지고한 것의 한 계시"로 표시하기도 했다. 태양은 "가장 강한" 계시일 수는 있으나, 단지 "하나의" 계시일 따름이다. 이는 이 "가장 지고한 것"이 태양이 아닌 다른 것, 가령 달이나 별을 통해서도 간접적으로 나타날 수 있음을 의미한다.

여기서 괴테가 말하고자 하는 것은 모든 '나타난' 진리, 모든 '문자화된' 진리는 '절대적' 진리가 아니라 '상대적' 진리라는 사실이다. 이를 파우스트가 성서를 번역하는 대목의 맥락에서 설명하면, 절대적 진리로서의 '뜻'은 여러 가지 '말'로 나타날 수 있음을 의미한다. 예를 들어 극도로 혼란한 사회에서는 질서가 진리로 나타날 것이고, 모든 것이 통제되고 철저하게 집단화된 사회에서는 자유가 진리로 나타날 것이다. 참혹한 전쟁이 일어난 곳에서는 평화가, 폭력에 의한 불의와 독재가 지배하는 곳에서는 정의가 절대적 진리로 추구될 것이고, 사람들은 정의라는 진리를 실현하기 위해 전쟁도 불사할 것이다. 이는 질서도 자유도, 평화도 정의도 상대적 '말'임을, 즉 궁극적인 진리가 아님을 보여 준다.

그런데 누군가가 자기 '말'의 상대성을 인정하지 않으려 한다면, 그래서 이 말을 절대화한다면, 그리고 이 절대적 진리로 절대화된 말을 행동으로 실천하려 한다면 어떠한 결과가 생겨날까? 어느 철학자는 이러한 절대화된 말의 실천을 "총체적 참여"로 규정한다.

참여, 즉 행동이 "총체적"이라 함은 자신이 생각해 낸 것을 절대화한 사상가들이 이 절대화된 말의 모든 것을 어떠한 타협도 없이 무조건적으로 실천하려 한다는 것을 의미한다. 이 참여가 "전체주의적 결과"에 이르는 것은 이 절대화된 말이 자신과 다른 것은 그 무엇도 용인하지 않기 때문이다. 세계는 오로지 이 말에 의해 결정되어야 하며, 여기에는 어떠한 예외도 인정되지 않는다. 즉 '하나의' 말에 의해 완전하게 동질화된, 그래서 '하나의' 집단, '하나의' 전체가 된 세계에서는 어떤 것에도 개별적인 고유함이나 독자적 개성이 용인되지 않는 것이다. 2부에 나오는 파우스트의 간척 사업은 이러한 "총체적 참여"의 한 전형을 보여 준다.

반란 때문에 궁지에 처한 황제를 메피스토의 도움을 받아 구해 준 파우스트는 공로에 대한 보상으로 바닷가의 쓸모없는 습지를 봉토로 요구한다. 그는 이 습지를 개간하여 그 위에 완전히 새로운 하나의 이상적 사회를 건설하려 한다. 파우스트의 죽음 직전의 독백은 이 유토피아에 대한 그의 꿈이 어떠한 것인가를 잘 보여 준다.

나는 수백만의 사람들에게 살 곳을 마련해 주는 것이니,
비록 안전치는 않으나 행동하며 자유롭게 살 수 있는 땅을.
(……)
밖에서는 파도가 미친 듯 제방 언저리까지 밀어닥쳐도,
여기 이 안은 천국 같은 땅이 되리니,
거칠게 뚫고 들어오려는 파도가 제방을 갉아먹으면
갈라진 틈을 메우려고 모두가 서둘러 달려 나올 것이다.

그렇다 이 뜻을 위해 나는 모든 걸 바치겠다.

지혜의 마지막 결론은 이렇다.

자유도 생명도 날마다 싸워 얻어야 하는 자만이,

그것을 누릴 자격이 있는 것이다.

위험에 둘러싸여 이렇게

아이, 어른, 노인 모두가 값진 나날을 보낼 것이니,

이러한 붐빔을 지켜보며 나는

자유로운 땅에서 자유로운 사람들과 같이 있고 싶도다.

그러한 순간을 위해 나는 말할 수 있으리.

머물러라, 너 그렇게 아름답구나라고.

내 이 세상에서의 삶의 흔적은

영겁의 시간 안에서 결코 소멸되지 않을 것이다.

이러한 드높은 행복을 예감하면서

나는 지금 지고의 순간을 향유하노라!(11555~11586)

파우스트의 독백에서 미래의 비전으로 나타나는 공동체는 모든 것이 주어진 완벽한 유토피아는 아니다. 밖에는 삶의 터전을 파괴하려는 바다라는 원초적 자연의 위험이 상존해 있고, 안에서는 생존을 위해 땀 흘려 일해야 한다. 삶의 터전을 지키기 위해 이 공동체의 주민들은 끊임없이 제방을 보수해야 하며, 먹고살기 위해서 "비옥"한 들을 경작하고 "가축"을 돌보아야 한다. 다시 말해서 이 공동체의 유토피아적 완전성은 주어진 것이 아니고 계속해서 만들어 나가야 하는 것이다. 바로 이러한 완전한 공동체를 창조하려는 노력이 '행동'

의 개념으로 나타난다.

그러나 이러한 생존을 위한 행동의 필연성은 부정적인 것만은 아니다. 역설적인 표현이지만 이 공동체의 '불완전성'이야말로 '완전성'의 절대적인 전제 조건이다. 주어지지 않은 '완전성'을 쟁취하려는 지속적인 노력이 이 공동체를 항시 역동적이고 발전 지향적이게 하며, 이 공동체가 경직되는 것을 막아 주기 때문이다. 말하자면 완전을 위한 이 지속적인 노력은 괴테의 『파우스트』에 일관된 영원한 "되어 감"의 이념과 상응하는 것이다.

이러한 '행동'의 의미에서 이 공동체 본성의 또 다른 축을 이루는 "자유"의 구체적 내용이 유추될 수 있다. 이 공동체의 구성원들은 열심히 일한 대가로 "결핍"이나 "곤궁", 그리고 도덕적 타락을 의미하는 "죄"로부터 자유로울 수 있다. 또 공동의 행위와 노력의 소산인 공동체 의식은 무정부 상태나 혼란으로부터의 자유, 즉 질서의 확립을 가능하게 하며, 이 질서는 공동체와 구성원 사이, 그리고 구성원과 구성원 간의 관계를 규정해 줌으로써 공동체 안의 조화와 균형을 이루어 낸다. 이 공동체의 구성원들이 이처럼 생존을 위한 투쟁에서 쟁취한 "자유", 즉 안전이나 풍요로움, 규율과 질서, 도덕적, 사회적 의식 등이 이 "새로운 땅"을 "천국"으로 만들어 주는 요인들이다. 그리고 이러한 미래 사회의 이상적인 실체에서 파우스트는 하나의 이념, 즉 "자유도 생명도 날마다 싸워 얻어야" 하며, 또 그러한 사람만이 이를 향유할 자격을 갖춘다는 근원적 '진리'를 도출해 낸다. 말하자면 단순한 자연적, 물리적 생존이 아니라 진정으로 인간다운 삶을 위해서는, 그래서 존재의 정당성과 도덕적 존엄성을 얻기 위해서는, 자신의 삶을 스스로 창조해 나가야 한다는 것이다. 그들의 행동은, 이 행동이 자신의 삶을 펼쳐 나가기 위한 것이기에, 강요된 것이 아니라 철저하게 자율적인 의지에 기인한 것이다. 그것은 현대적 자본주의 사회의 상품화된 노동도 아니며, 또 봉건 사회에서 볼 수 있는 강제 노역도 아니다.

이 독백의 종결부에서 파우스트는 비록 환상 속이지만 "자유로운 땅에서 자유로운 사람들과" 삶을 같이하는 지고의 성취를 체험한다. 그의 삶이 추구하는 마지막 목적에 이른 것이다. 그렇기에 이 환상적 체험의 순간은 그에게 "지고한 순간", 비록 찰나이지만 '영원'의 의미가 집약되어 나타나는 순간이며, 그렇기에 파우스트는 이 순간을 향해 "머물러 다오! 너는 너무나 아름답구나!"라고 말할 수 있는 것이다. 이 순간적인 미래의 환상에서 그는 자신이 추구해온 궁극적 의미를 찾을 수 있었다. "내 이 세상에서의 삶의 흔적은/ 영겁의 시간 안에서 결코 소멸되지 않을 것이다."라는 그의 말은 역사라는 영원한 시간의 흐름 속에서 자신의 삶이 아무런 흔적도 남기지 못하고 소멸되어 버리는 것이 아니라, 그의 행위의 결과가 역사의 흐름 안에 분명히 남아 있을 것이라는 확신의 표현이다. 그리고 이러한 삶의 흔적들이 모여서 인간의 역사가, 악마의 말처럼 "영원한 공허"나 끝없는 반복이 아니라, 의미를 지니는 발전의 과정이 됨을 확인하고 있다.

그러나 이 지고한 이념과 이 이념을 실천하려는 현실적인 행동 사이에는 극복할 수 없는 모순이 존재한다. 파우스트는 그가 삶의 궁극적 의미를 발견한 미래 사회의 토대를 닦기 위해, 선언한 대로 자신의 "모든 것을 바쳐" 간척 사업을 추진한다. 이 과정에서 그는 초기 자본주의 시대에 등장하는 사업주의 전형적인 비인간적 작태를 보인다. 이는 무엇보다도 간척 사업에 동원된 노동자를 대하는 그의 태도에서 드러난다.

> 내가 생각했던 것, 이제 서둘러서 완성해야겠다.
> 주인의 말, 그것만이 중요한 것이다.
> 자리에서 일어나라, 너희 머슴 놈들아, 모조리!
> 내가 대담하게 구상한 것을 행복하게 바라볼 수 있도록 해라.
> 연장을 잡아라, 삽과 괭이를 놀려라!
> (……)
> 이 위대한 일을 완성하는 데는
> 수천의 손을 부리는 하나의 정신으로 족하리라.(11501~11510)

위의 인용문에서 나타난 사업주 파우스트와 그의 노동자들인 "머슴"의 관계는 그의 미래 비전에 나타나는 "자유로운 땅"의 "자유로운 사람들", 공동의 위험에 모두 자발적으로 같이 대처하며, 공동체를 같이 지켜 나가는 "자유로운 사람들" 간의 상호 관계와는 전혀 다른 양태를 보인다. 이들은 간척 사업이라는 창조적 행위의 공동 주체가 결코 아니다. 이 주체는 "주인", "하나의 정신" 등으로 자신을 묘사한 파우스트 한 사람이고, 머슴들은 동원된 노동력일 뿐이다. 그것도 엄격한 규율에 얽매이고, 보상이라는 미끼를 통해 노동력을 수탈당하는, 파우스트의 표현대로 그에게 "부역하는 무리"일 따름이다. 말하자면 이 머슴들은 그들이 사용하는 삽이나 곡괭이처럼 사업의 도구에 지나지 않는다. 또 파우스트는 목가적 삶을 살아가는 선량한 노부부 필레몬과 바우치스를 살해한다. 이 노부부를 살해한 것과 그들의 집과 교회에 불을 지른 것은 현대적 사업가 파우스트가 저지른 가장 커다란 죄악으로 인정되고 있다. 이 노인들은 자연을 정복하려는 파우스트와 달리 자연에 순응하고 자연과 하나가 되어서 살며, 토지의 생산력을 극대화하려는 파우스트와 달리 자신들이 필요로 하는 만큼만 생산해 내는 순박한 사람들이다. 이들은 파우스트처럼 사람들을 지배하거나 자신의 목적에 동원하려 하지 않고, 오히려 어려움에 처한 사람들을 도와주며 이들과 평화적 공존을 찾는다. 그러나 파우스트에게는 자신과 전혀 다른 이들의 존재 양식이 참을 수 없는 도전이었고 견딜 수 없는 고통을 주는 것이었다.

파우스트가 추구하는 지고의 인본주의적 목적과 이 목적을 실현하기 위해 사용하는 폭력적이고 비인간적인 수단 사이의 모순은 실러가 경계한 바 있는, 맹목적 이상주의자들이 빠지기 마련인 자가당착의 전형적인 실례이다.

범죄도 두려워하지 않는 사람들이 얼마나 많은가, 이 범죄를 통해 칭송받을 만한 목적을 이룰 수만 있다면 말이다. (……) 많은 사람들에게서 그들의 환상이 기이한 속임수를 써서, 그들로 하여금 도덕을 뛰어넘고 이성보다 더 이성적이 되려고 한다.

"다음에 올 세대의 행복을 확보하기 위해서 지금의 세대를 비참 속에 내던져 놓고도 아무런 의구심도 갖지 않는" 이러한 눈먼 이상주

『파우스트』와 현대성의 기획

의자들처럼 파우스트 역시 "미래의 자유로운 사람들"을 위해 현재의 노동자들을 가혹하게 착취하면서도 일말의 가책도 느끼지 않는다. 그 또한 눈이 먼 것이다.

"자유로운 땅"에서 소외되지 않은 삶을 개척해 가는 "자유로운 사람들"의 공동체, 파우스트의 마지막 독백에 나타난 미래 사회의 모습은 분명히 바람직하고 이상적이며, '희망'의 대상으로서 충분한 가치를 지니고 있다. 그리고 이 희망은 올바른 과정에 따라 실현된다면 분명히 발전일 수 있다. 이 미래의 유토피아는 역사 발전의 지향점이 될 수 있는 것이다.

그러나 이 이상적 공동체는 멀고 먼 미래의 불확실한 일이다. 이 공동체의 불확실성, 즉 비현실성은 두 개의 문학적 기법을 통하여 강조되고 있다. 첫째는 파우스트가 자신의 무덤을 파는 삽질 소리를 인부들이 수로를 파는 작업으로 착각하고 이 이상적 사회의 모습을 떠올린다는 사실이다. 이는 괴테적 아이러니의 극치인바, 이를 통하여 괴테는 파우스트의 미래의 소망이 죽어 가는 눈먼 노인의 망상에 가까운 비현실적 환영임을 암시하고 있다. 괴테의 두 번째 기법은 '비현실 화법(영어의 가정법)'이다. 파우스트의 독백은 중요한 부분에서 문장들이 접속법 2식의 동사를 가지고 있는데, 독일어에서 이 형태의 동사는 가정적 상황이나 비현실적 소망을 표현하는 데 쓰인다. 이러한 기법을 통해서 파우스트가 "너무나 아름답구나!"라고 경탄한 미래 사회의 모습은 단지 환상이며, 그가 향유하는 "지고의 순간"은 '현실'이 아니라 그저 '예감'에 바탕을 두고 있음이 암시된다. 철저한 현실주의자 메피스토가 파우스트의 "지고한 순간"을 "공허한 순간"으로 부른 것은 이 맥락에서 본다면 충분히 타당한 일이다.

괴테는 파우스트의 미래의 비전을 일면으로는 인류의 역사 발전이 궁극적으로 지향해야 할 가치가 있는 목적으로 묘사하면서 또 다른 면으로는 이 비전에 내재된 모든 불확실성과 비현실성을 강조한다. 파우스트가 실현하려는 공동체, 또는 이 공동체의 존재 원칙은 그것이 가진 모든 이상적 본성에도 불구하고 역사를 지배하는 절대적 이념으로 굳어져서는 안 된다는 것이다. 그렇게 절대화되기에는 이 공동체의 존재는 너무나 불확실하고 환상적이기 때문이다. 이 비현실적 목적을 위해 파우스트가 행한 비인간적 행위들, 즉 노동자들에 대한 가혹한 탄압과 수탈 및 필레몬 부부의 살해는 절대화된 '희망'이 어떠한 결말에 이르는지를 분명하게 보여 준다. '맹목적' 희망의 필연적 귀결은 '폭력'인 것이다. "인간은 노력하는 한 방황하기 마련이다."라는 『파우스트』의 유명한 비극적 명제는 바로 이 맥락에서 이해할 수 있다. 목적에 매몰되어 수단과 방법을 가리지 않는 노력은 올바른 길을 잃고 방황해야 한다는 것이다.

파우스트의 미래의 공동체에 내재된 불확실성과 비현실성은 이 공동체를 향한 희망이 절대화되지 못하게 막는 일종의 장애물로 기능한다. 말하자면 이 부정적 성격들은 이 공동체의 완전성과 상호 대치되고 상호 해체되는 관계에 있는 것이다. 그리고 상호 해체는, 역설적 표현이지만 상호 보완으로 진행될 수 있다. 비록 아무리 이상적이고 완전한 희망이라 해도 한갓 비현실적 환상으로 전락할 수 있다는 비판적 의식은, 그래서 "지고한 순간"이 언제라도 "공허한 순간"이 될 수 있다는 의식은 이 희망이 교조적 이데올로기로 굳어지는 것을 저지할 수 있기 때문이다. 그러나 그러기 위해서는 파우스트적 "지고한 순간"과 메피스토적 "공허한 순간"이 중재되어야 한다. 이 중재의 가능성이 찾아지지 않는 한, 파우스트의 비극 또는 파우스트로 대변되는 현대 인간의 비극은 지양되지 않으며, 그러한 상황이 지속되는한 괴테의 『파우스트』는 "한 편의 비극"으로 남을 것이다.

김수용 서울대학교 독어독문학과와 동 대학원을 졸업하고 독일 뒤셀도르프 대학에서 하이네에 관한 논문으로 박사 학위를 받았다. 연세대학교 독어독문학과 교수로 재직했으며, 현재 연세대학교 명예교수, 대한민국학술원 회원이다. 저서로 『하이네: 예술과 참여와 끝없는 물음』, 『아름다움의 미학과 숭고함의 예술론』, 『괴테 파우스트 휴머니즘』, 『독일 계몽주의』, 『아름다움과 인간의 조건: 칸트 미학에 대한 하나의 해석』 등이 있고, 역서로 괴테의 『파우스트: 한 편의 비극』, 하이네의 『독일: 어느 겨울 동화』, 『루테치아: 정치, 예술 그리고 민중의 삶에 대한 보고서』 등이 있다. 우호문화재단 우호학술상을 수상했다.

19

인격 도야를 위한 사다리

주자의 『근사록』 읽기

이승환 (고려대학교 철학과 교수)

주자(朱子, 1130~1200)

이름은 희(喜), 자는 원회(元晦), 중회(仲晦), 호는 회암(晦庵), 회옹(晦翁) 등이다. 중국 송대의 성리학자로 복건성 우계(尤溪) 출신이다. 14세에 아버지가 세상을 뜬 후 불교와 노자의 학문에도 흥미를 가졌으나 24세에 이통(李侗)을 만나 사숙하면서 유학에 복귀했다. 장식(張栻), 여조겸(呂祖謙) 등과 교류하고 상산 육구연(陸九淵)과 논쟁하면서 학문을 심화하였다. 19세에 진사시에 급제하였으나 현직에 근무한 기간은 10년이 되지 않고 주로 학문 연구와 집필, 제자 양성을 통해 유학의 학문적, 사상적 위상을 회복하는 데 헌신했다.

주요 저서로 선대 성리학자들의 이론을 계승하고 종합한 『근사록』, 사서를 해석한 『사서집주』, 자신의 시와 글을 모은 『주문공문집』, 제자들과의 문답을 엮은 『주자어류』, 역사서 『자치통감』을 재편집한 『자치통감강목』 등이 있다.

『근사록(近思錄)』은 송대의 『논어』라고 불리는 책으로, 주자가 도우(道友) 여조겸(호 동래(東萊), 1137~1181)과 함께 편집한 철학 선집이다.[1] 여기에는 북송대의 유학자인 주렴계, 정명도, 정이천, 장횡거의 문집 및 어록에서 엄선한 622조의 문장이 실려 있으며, 이 글들은 주자 성리학의 사상적 원천이 되는 원 자료(original source)에 해당한다. 이 점에서 본다면, 『근사록』은 오늘날 앤솔러지(anthology)라고 부르는 장르의 책에 가깝다. 철학사에서는 위 네 명의 학자에 소강절까지 합쳐서 북송 5자라고 부르지만, 소강절은 인의(仁義)와 같은 유학의 기본 가치에 대해 언급한 것이 적을 뿐 아니라 그의 전공 분야인 상수학(象數學)은 도교적 색채가 강하기 때문에 『근사록』에 채납되지 않았다.

근사(近思)라는 말은 『논어』의 "널리 배우고 뜻을 독실하게 세우며, 절실하게 묻고 가까운 데서부터 생각하면 인(仁)이 그 가운데 있다."[2]라는 구절에서 따온 말이다. 『근사록』의 말미에 붙인 「후서」에서 주자는 "큰 원리와 관계되면서 일용에서 절실한 것들"을 모았다고 밝히고 있으며, 여조겸은 "배우는 방법과 일상생활에서의 실천에는 모두 순서가 있다. 순서를 따라 낮은 곳에서 높은 곳으로, 가까운 곳에서 먼 곳으로 나아가야 한다."라고 적고 있다. 이로 볼 때, 이 책의 편집 의도는 초학자들을 학문의 낮은 단계에서 높은 단계로 나아가도록 인도하는 데 있음을 알 수 있다. 주자는 책을 완성한 후 문인들에게 『근사록』은 사서(四書)로 들어가는 사다리이고, 사서는 육경(六經)으로 들어가는 사다리라고 소개하기도 하였다.[3]

주자는 비록 자신이 편집하기는 했지만 이 책의 체제에 완전히

　　　　　　　　　　　　　인격 도야를 위한 사다리

만족하지는 않았던 듯하다. 그가 불만족스럽게 생각했던 부분은 두 가지이다. 하나는 일상에서의 윤리 원칙을 설명하기 위해 빈번하게 인용한 정이천의 『주역정씨전(周易程氏傳)』의 내용이 초학자들에게는 난해하게 느껴질 수 있다는 점이고, 다른 하나는 제1권에 인용한 주렴계의 『태극도설』이 우주론에 관한 내용을 담고 있어서 "가까운 데서부터 생각한다."라는 『근사록』의 취지에 부합하지 않을 수 있다고 여긴 것이다. 하지만 책의 첫머리에 세계의 본원(本源)에 관한 대강을 제시하지 않으면 배움의 목표와 지향을 세울 수 없기 때문에 이러한 내용을 넣지 않을 수 없었다. 주자는 이러한 부득이한 사정을 「후서」에 설명해 넣도록 여조겸에게 요청하기도 했다.

북송 시대 명현들의 문장과 어록을 모은 『근사록』의 편집 체제는 후세에도 많은 영향을 미쳐 명대에는 『성리대전』과 같은 거질의 철학 선집이 나오게 되었다. 송대 이후 한국, 중국, 일본에서 『근사록』에 대한 연구 열기는 끊이지 않고 이어져 수많은 주석서가 나왔다. 주자학 연구가인 윙칫찬(Wing-tsit Chan, 한자명 陳榮捷)은 「주자의 근사록」이라는 글에서, 중국에서 나온 주석서 21종, 한국에서 나온 주석서 8종, 일본에서 나온 주석서 24종, 그리고 서양에서 나온 번역서 2종을 소개한 바 있다.[4] 하지만 조선에서 나온 주석서를 모두 합친다면 윙칫찬이 언급한 숫자를 훨씬 뛰어넘는다. 1999년에 송희준이 편찬한 『근사록주해총편(近思錄註解叢編)』에서는 조선에서 나온 주해본 84종을 소개하고 있는데, 이와 같이 조선에서 『근사록』에 대한 관심과 연구열은 본산인 중국을 능가하는 것이었다.

『근사록』은 총 14권으로 되어 있다. 각 권의 제목을 일별하자면 도체(道體), 위학(爲學), 치지(致知), 존양(存養), 극기(克己), 가도(家道), 출처(出處), 치체(治體), 치법(治法), 정사(政事), 교학(敎學), 경계(警戒), 변이단(辨異端), 관성현(觀聖賢) 등이다. 이러한 분류 체제는 오늘날의 학문 분류법으로 볼 때 다소 산만하고 체계가 서지 않은 듯이 보이기도 한다.

현대 학문의 시각에서 이 책의 내용을 분류한다면 크게 세 부분으로 정리할 수 있다. (1) 자아의 본성에 관한 도덕 형이상학적 탐구, (2) 자아의 본성을 함양하고 마음의 상태를 성찰하기 위한 도덕심리학적 모색, 그리고 (3) 자아의 본성을 인륜의 장에서 구현하기 위한 규범론적 처방 등이 그것이다. 『근사록』에 담겨 있는 이 세 방면의 내용은 책의 주 편자인 주자 자신이 일생에 걸쳐 추구했던 학문적 관심사이자 동시에 송대 신유학이 지향했던 궁극 목표이기도 하다. 따라서 『근사록』의 내용을 소개하는 일은 곧 주자의 철학 사상을 소개하는 일이며 나아가서는 송대 성리학의 학문 체계를 소개하는 일이다. 여기에서는 『근사록』에 실려 있는 북송 명현들의 주요 문장들을 중심으로 성리학의 핵심 내용을 소개하는 방식을 채택하기로 한다.

1 성즉리

「도체」편 제38조에서는 정이천의 말을 인용하여 "성(性)은 리(理)이다."[5]라고 적고 있다. '성'과 '리'는 성리학에서 핵심이 되는 개념이다. 성은 인간을 포함한 각 존재의 본성을 가리키고, 리는 존재 세계에

인격 도야를 위한 사다리

내재한 법칙과 원리를 뜻한다. 성리학의 핵심 테제인 '성즉리(性卽理)'를 이해하기 위해서는 성과 리에 대한 심층적 이해가 필요하다.

성리학적 세계관에 의하면 세계는 리(理)와 기(氣)라는 두 요소로 이루어져 있다. 기는 각 존재의 몸뚱이를 이루는 질료적 측면을 가리키고, 리는 기의 세계에 내재한 법칙 또는 원리를 뜻한다. 리는 원래 옥(玉) 자에서 연유하였다. 고대인들은 옥에 새겨져 있는 결(또는 패턴)에 대한 관찰을 통하여, 존재의 세계에 일정한 법칙이 깃들어 있다고 믿게 되었다. 리는 선진 유학에서는 별로 쓰이지 않았던 개념이지만, 수당(隋唐)대에 들어 불교 특히 화엄종의 흥기와 더불어 세계의 근본 원리 또는 이법(理法)을 뜻하는 철학 용어로 급부상했다. 송대에 들어 리는 다른 글자와 합성되어, 맥리(脈理, 혈액 순환과 심장 박동의 규칙성), 조리(條理, 말이나 글의 일관성), 도리(道理, 사람이 인륜 세계에서 마땅히 따라야 할 이치), 물리(物理, 물질세계의 존재 이유와 운동 법칙) 등의 명사로 쓰이게 되었으며, 동사로 쓰일 때는 치리(治理, 헝클어진 것을 다스려 질서 있게 함), 순리(循理, 마땅한 이치를 따름) 등의 의미로 널리 쓰이게 되었다.

성리학에서 '리'는 크게 두 가지 의미를 내포한다. 하나는 세계의 궁극 원리와 존재의 이유를 뜻하는 소이연지고(所以然之故)로서의 리이고, 다른 하나는 인간을 비롯한 모든 존재가 마땅히 따라야 하는 당위 원칙 즉 소당연지칙(所當然之則)을 뜻하는 리이다. 아직 '존재'와 '당위'의 구분이 이루어지지 않았던 성리학의 시대에, 리는 존재 세계의 운행 법칙과 원리를 뜻하면서 동시에 인간을 포함한 모든 존재가 마땅히 따르고 존순(尊順)해야 하는 당위 원칙을 의미하는 중의적 개념으로 사용되었다.

리가 존재 세계에 내재한 보편 법칙을 뜻하는 데 비해, 성은 특히 인간이라는 '유적(類的) 존재'가 지니고 있는 고유한 성향에 초점이 맞추어져 사용되었다.(성은 사용되는 문맥에 따라 본성, 성향, 성품, 성격, 경향성 등으로 다양하게 번역할 수 있다.)『맹자』는 인간이 동물과 구별되는 것은 인간만이 인의예지와 같은 도덕적 본성을 가졌기 때문이라고 하고,『중용』에서는 이러한 본성이 본래 하늘(天)이 부여해 준 것이라고 말한다. 인간을 인간답게 해 주는 이러한 성은 불교의 전래와 더불어 청정무구한 불성(佛性)과 동일시되기도 하고,『능엄경』의 영향을 받아 본연지성(本然之性)이라는 이름으로 불리기도 했다. 또 성은 모든 존재가 동일하게 가지고 있는 참된 본성이라는 점에서 만물동일진성(萬物同一眞性)이라고 불리기도 하고, 사람을 사람답게 해 주는 도덕적 본성이라는 점에서 의리지성(義理之性), 도의지성(道義之性), 천지지성(天地之性) 등 다양한 이름으로 불렸다. 불교에서는 사람에게 본디 우주의 이법(理法, Dharma)과 같이 순선한 성품이 갖추어져 있다고 보고 이를 '성즉리'라는 명제로 제시하였다. 인간의 본래 성품은 우주의 이법을 그대로 물려받았다는 뜻이다. 송대의 학자들은 불교의 성즉리 명제를 유학 안으로 도입하여 "사람은 본래 리(理)에 부합하려는 성향을 지니고 있다."라고 말한다. 이는 인간의 선한 본성에 대한 낙관적 신심을 표현한 도덕 형이상학적 선언이다.

「도체」편 제48조에서는 장횡거의 말을 인용하여 "성(性)은 만물의 동일한 근원으로서 나 혼자만이 사사로이 얻은 것이 아니다."[6]라고 적고 있다. 성리학자들에 의하면, 모든 존재는 세계의 이법인 '공

인격 도야를 위한 사다리

통의 리'를 부여받아 각자의 본성으로 삼는다. 성즉리란 개별 존재가 지닌 본래적 성품이 존재 세계의 이법인 리와 동일하다는 의미이다. 리는 세계 전체의 차원에서 보면 하나라고 할 수 있지만, 서로 다른 몸뚱이를 가진 다양한 사물에 품부(稟賦)되어 개별 존재의 본성을 이루게 된다. 주자는 이를 리일분수(理一分殊)라는 말로 표현한다. 리일분수란 "이는 근본에 있어 하나이지만 다양한 사물에 품부되어 서로 다른 본성을 이룬다."라는 뜻이다. 주자는 리일분수를 설명하기 위하여 수많은 강물에 비친 다양한 달그림자를 비유로 든다(月印萬川). 달이 근본에 있어서는 하나이지만 수많은 강물에 비쳐 다양한 달그림자를 만들어 내듯이,[7] 리 또한 근본에 있어 하나이지만 다양한 사물에 품부되어 각기 다른 사물의 본성을 이룬다는 것이다.

성리학자들에 의하면, 현상 세계에 존재하는 사물들의 종(種)적 차이는 사물들이 각기 다른 리를 가졌기 때문이 아니라 각 사물을 구성하는 기(氣)의 질이 서로 다르기 때문이다. 즉 사람을 포함한 모든 사물은 동일한 리를 품부받지만 몸뚱이를 구성하는 기의 정수함(精)과 조잡함(粗)의 차이 때문에 사람과 동물 사이에 차이가 생겨나게 된다. 「도체」편 제51조에서는 장횡거의 말을 인용하여 각 존재 사이에 차이가 생기는 이유를 이렇게 설명하고 있다.

어떤 존재도 성(性)을 가지지 않은 것은 없다. 하지만 (몸뚱이를 구성하는 기(氣)에) 통하거나 닫히거나 열리거나 막힘의 차이에 따라 사람과 동물의 다름이 있게 되고, 닫힌 가운데서도 두터움과 얇음의 차이가 있기 때문에 지혜로운 자와 어리석은 자의 다름이 있게 된다.[8]

장횡거의 설명에 의하면, 사람의 몸뚱이를 구성하는 기는 동물에 비해 잘 통하고(通) 열려 있다는(開) 특징을 지닌다. 사람 가운데서도 각 사람의 몸뚱이를 구성하는 기의 맑음(淸)과 탁함(濁)의 차이 때문에 지혜로운 자와 어리석은 자의 차이가 생기게 된다. 사람은 다른 동물에 비하여 잘 통하고 정제된 기로 이루어져 있기 때문에, 공부와 수양을 통하여 기질의 편벽됨(偏)을 극복하고 본래의 선한 성품을 회복할 수 있다고 성리학자들은 여긴다.

2 성체정용

「도체」편 제4조에서는 마음의 본체(體)와 작용(用)에 대한 정이천의 말을 인용하고 있다.

> 마음(心)은 하나이지만 그 체(體)를 가리켜 말하는 경우도 있고 용(用)을 가리켜 말하는 경우도 있다.[9]

체는 한 존재가 가진 본질적 속성을 가리키고 용은 그러한 속성이 현실에서 실현된 상태를 말한다. 정이천에 의하면 사람의 마음이 가진 본질적 속성(體)은 인의예지로 대변되는 도덕적 성향이다. 인의예지는 인간이라는 유적 존재가 가진 고유한 성향으로, 일정한 조건과 만나면 상관되는 심리적 사건으로 실현된다(用). 예를 들어, 한 사람이 가진 인(仁)한 성향은 어린아이가 막 물에 빠지려고 하는 현장

인격 도야를 위한 사다리

을 목도할 때 측은지심이라는 심리적 사건으로 실현된다. 이처럼 한 사람이 타자의 곤경을 목도할 때 느끼게 되는 측은한 감정은 그가 본래 가지고 있던 인한 성향이 실현된 것이다. 인한 성향은 어린아이가 물에 빠지려는 현장을 목도할 때뿐만 아니라, 유사한 상황에 처한 타자의 불행이나 곤경을 지각할 때 측은한 감정으로 실현되곤 한다. 성은 이처럼 '유사한 상황'에서라면 '유사한 감정'으로 실현되는 안정적이고 지속적인 성향적 특질(dispositional trait) 또는 성격적 경향성(tendency of character)을 말한다.

이처럼 잠재태로 숨어 있던 한 속성(體)이 현실태(用)로 드러나게 되는 존재론적 이행 과정을 성리학에서는 체용론(體用論)이라고 부른다. 식물을 예로 들자면, 씨앗에 깃든 생명의 본성이 체라면, 싹이 터서 꽃이 피고 열매가 맺힌 상태는 용에 해당한다. 위에 인용한 정이천의 글에서는 사람의 마음을 체와 용으로 나누어 살펴볼 것을 제안하고 있다. 사람의 마음에서 체에 해당하는 것은 인의예지 등의 도덕 성향이고 용에 해당하는 것은 이러한 성향이 현실태로 드러난 측은지심, 수오지심, 사양지심, 시비지심 등의 도덕 감정이다. 주자는 정이천의 위 문장을 성체정용(性體情用)이라는 명제로 정식화한다. 사람의 마음에 깃든 성은 체에 해당하고 그것이 실현된 상태는 용에 해당한다는 뜻이다. 성체정용이라는 명제는 성발위정(性發爲情)과 동일한 의미를 갖는다. 성(性)이 발하여 실현된 결과물이 정(情)이라는 뜻이다.

한 사람이 잠재태로 가지고 있는 성향은 현실태로 실현되기 전까지는 그 전모를 파악하기 어렵다. 성은 감각 경험으로는 파악할 수 없는 형이상자(形而上者)이기 때문이다. 반면에 정은 밖으로 드러난 눈

빛, 낯빛, 맥박, 표정 등을 통하여 감각 경험이 가능한 형이하자이다. 따라서 한 사람이 어떤 성향을 가지고 있는가는 특정한 상황에서 그 사람이 표출하는 감정을 통해 유추할 수 있다. 맹자가 측은·수오·사양·시비 등의 도덕 감정을 '네 가지 단서(四端)'라고 부르는 이유는 이러한 현상적 단서(phenomenal clue)를 통해 비로소 그 사람의 내면에 간직된 성향을 가늠할 수 있기 때문이다. 주자는 이를 "그림자를 보면 형체를 알게 된다(見影知形)."라는 말로 설명한다. 성리학자들은 맹자를 이어받아 인간이 가지고 있는 동물과 구별되는 성향, 즉 인간을 인간답게 해 주는 성향을 다음과 같은 네 가지로 제시한다.

(1) 인(仁): 인한 성향은 특정한 상황에서 측은하게 느끼는 마음으로 실현된다. 측은지심은 한 사람이 인한 성향의 소유자인지 알려 주는 단서가 된다. 측은지심이 없으면 인한 사람이 아니며, 인하지 않은 사람은 사람도 아니다.

(2) 의(義): 의로운 성향은 특정한 상황에서 수오지심으로 실현된다.(수(羞)는 자신의 잘못에 대해 느끼는 부끄러움의 감정이고 오(惡)는 타인의 불의함에 대해 느끼는 도덕적 분노이다.) 수오지심은 한 사람이 의로운 성향의 소유자인지 알려 주는 단서가 된다. 수오지심이 없으면 의로운 사람이 아니며, 의롭지 않은 사람은 사람도 아니다.

(3) 예(禮): 예바른 성향은 특정한 상황에서 사양지심으로 실현된다.(사(辭)는 자기에게 합당하지 않은 것을 거절하는 마음이고, 양(讓)은 자기 것을 자기보다 합당한 사람에게 양보하려는 마음이다.) 사양지심은 한 사람이 예바른 성향의 소유자인지 알려 주는 단서가 된다. 사양지심이 없으면 예바른 사람이 아니며, 예바르지 않은 사람은 사람도 아니다.

인격 도야를 위한 사다리

(4) 지(智): 지혜로운 성향은 특정한 상황에서 시비지심으로 실현된다.(옳음(是)과 그름(非)을 가리는 마음은 이성적인 추론이나 논리적 분석에 의한 것이라기보다 시인(approval)과 부인(disapproval)처럼 옳고/그름에 대한 즉각적인 느낌에 가깝다.) 시비지심은 한 사람이 지혜로운 성향의 사람인지 알려 주는 단서가 된다. 시비지심이 없으면 지혜로운 사람이 아니며, 지혜롭지 않은 사람은 사람도 아니다.

위에 든 네 가지 도덕 성향은 원래 『맹자』에서 처음 제시되었지만, 송대 유학자들의 존재론적 탐구에 의해 형이상학적으로 정당화되었다. 성리학의 궁극 목표는 인간이 본래적으로 가지고 있는 도덕 성향이 인륜의 장에서 제대로 실현될 수 있도록 수양법과 공부법을 제시하는 데 있다.

3 치중화

잠재태로 있던 성향이 특정한 상황에서 심리적 사건으로 실현되는 존재론적 이행 과정을 성리학에서는 미발(未發)에서 이발(已發)로의 전환이라고 부른다.(체용론으로 본다면 미발은 체에 해당하고 이발은 용에 해당한다.) 씨앗을 비유로 들자면, 씨앗에서 싹이 발하기 전의 상태가 미발이라면, 발한 후의 상태는 이발이라고 할 수 있다. 「도체」편 제38조에서는 정이천의 말을 인용하여 미발의 성이 이발의 정으로 실현되는 존재론적 이행 과정을 다음과 같이 설명하고 있다.

기쁨(喜)과 노여움(怒), 슬픔(哀)과 즐거움(樂) 등의 감정이 아직 발하지 않았을 때는 어찌 일찍이 선하지 않았겠는가? 감정으로 드러나서 모두 절도에 맞으면 어떤 경우든 선하지 않음이 없다. 드러나서 절도에 맞지 않은 연후에야 비로소 선하지 않음이 있게 된다.[10]

정이천의 위 문장은 원래 『중용』 제1장에 나오는 내용을 수양론적으로 풀이한 것이다. 『중용』에서는 이렇게 적고 있다.

희노애락의 감정이 아직 발하지 않은 것을 중(中)이라 하고, 발하여 모두 절도에 맞는 것을 화(和)라 한다. 중은 천하의 커다란 근본이고 화는 천하의 공통된 도이다.[11]

성리학자들은 『중용』을 이어받아 중화에 이르는 일(致中和)을 수양의 목표로 삼았다. 『중용』에서는 희노애락 등 감정의 발동 여부에 따라 마음을 미발과 이발의 국면으로 구분하고, 미발의 중을 체(體=大本)로, 이발의 화를 용(用=達道)으로 규정하였다. 성리학적 수양론의 목표는 어떻게 하면 희노애락과 같은 감정이 아직 개시되지 않았을 때에 그 본체인 중을 존양(存養)하고, 개시되었을 때는 그 용인 감정의 조화를 이룰 수 있는가 하는 문제에 있었다.

성리학자들은 감정의 조화를 왜 그렇게도 중요하게 여겼을까? 상황에 적합하도록 감정을 표출해 내고, 감정 표현에 지나침(정서 과잉)과 모자람(정서 결핍)이 없도록 조절하는 일은 덕스러운 인간이 갖추어야 할 기본자세이자 정치 지도자로서 사대부-독서인들이 갖추어

　　　　　　　　　　　　　인격 도야를 위한 사다리

야 할 첫 번째 마음가짐이기 때문이다. 감정이라는 의식 작용은 지각된 사태에 대한 좋고(pro)/나쁨(con)의 평가를 토대로 일어난다. 감정이란 좋다고 평가한 쪽으로 접근하고 좋지 않다고 평가한 것으로부터 멀어지려고 하는 '느낌의 경향성'이다. 감정을 통한 사태에 대한 평가는 언어나 개념의 매개 없이 즉각적, 자동적, 불수의적(involuntarily)으로 일어난다. 감정의 평가 활동을 유발하는 요인은 크게 두 가지로 설명된다. 하나는 자기 보존과 자기 안녕이라는 생물학적 시스템에서 비롯되고, 다른 하나는 사회화 과정을 통하여 학습되고 체인된 규범 체계에서 비롯된다. 전자를 1차적 감정 또는 기본 감정이라고 한다면, 후자는 2차적 감정 또는 학습된 감정이라고 할 수 있다.[12] 현대 심리학의 관점에서 보자면,『중용』에서 언급하고 있는 희노애락의 감정이 전자에 가깝다면,『맹자』가 말한 측은·수오·사양·시비의 도덕 감정(사단)은 후자에 가깝다.

『중용』에서 제시한 희노애락의 감정은 주체가 당면한 상황에서 생물학적 개체로서 느끼는 자기 보존, 자기 안녕, 갈망, 욕구, 회피, 희망 등의 표현이다. 이러한 감정이 당면 상황에 적합하지 않은 방식으로 표출되거나 그 표출의 정도가 적정함을 벗어나게 되면, 주체의 심리적 건강뿐 아니라 사회적 관계에도 심각한 장애를 초래하게 된다. 특히 상황에 적합하지 않거나 적절한 정도를 벗어난 감정 표출은 상황을 해석하는 데 있어 공정성과 객관성의 손실을 초래하기 마련이다. 따라서 정치 지도자나 행정 관료가 되고자 하는 전통 시대의 독서인들에게 감정의 조화 문제는 무엇보다도 중요한 도덕심리학적 요건이 되었다. 특히 전통 사회에서는 제도적 장치보다 공직자의 사려 깊은 판단에 의해 정치 행위가 이루어졌기 때문에 조화로운 감정은 사대부-독서인들이 갖추어야 할 필수적인 자격 요건이었다.[13] 유교의 덕 윤리와 비슷하게, 아리스토텔레스에게도 '잘 느끼는 일(being properly affected)'은 '잘 행위하는 일(acting well)'과 더불어 폴리스 안에서 유덕한 인간이 되기 위한 필수 조건이었다.[14]

성리학자들은 생물학적 개체의 자기중심성(形氣之私)에서 비롯되는 1차적 감정을 경계 어린 눈으로 바라본다. 「위학」편 제4조에서는 정명도의 말을 빌려, "사람의 감정에는 가려진 바가 있어서 도(道)에 이르기 어렵다. 자기중심적으로 지교(智巧)를 쓰는 데(自私用智)에 근심거리가 있다."[15]라고 말한다. 희노애락과 같은 감정은 당면 상황에 대한 주체의 호오, 갈망, 욕구, 회피 등의 표현이므로, 여기에는 주체를 위한 자기중심적 전략이 이미 바탕에 깔려 있다는 의미이다.

감정에 자기중심적 계기가 섞여 있을 수 있다는 우려 때문에 사람의 감정 활동을 없애 버릴 수는 없는 일이다.(불교나 스토아학파에서는 유학과 달리 아예 감정을 없애 버릴 것을 주장한다.) 「위학」편 제4조에서는 정명도의 『정성서(定性書)』를 인용하여 감정을 어떻게 조절하고 운용해야 하는지에 대해 적고 있다.

천지가 항상될 수 있는 이유는 그 마음이 만물에 두루 미치면서도 무심(無心)하기 때문이고, 성인이 한결같을 수 있는 까닭은 그의 감정이 만사에 순응하면서도 무정(無情)하기 때문이다. 그러므로 군자의 학문은 크게 공평하여 외물이 다가오는 대로 순순하게 응하는 것만 한 것이 없다.[16]

인격 도야를 위한 사다리

"천지는 무심하고 성인은 무정하다."라는 정명도의 말이 "천지에는 마음이 없고 성인에게는 감정이 없다."라는 의미는 아니다. 이 말은 단지 천지의 운행에 '사사로운 마음이 없고(無私心)' 성인에게는 '사사로운 감정이 없음(無私情)'을 천명한 것일 따름이다. 정명도는 이어서 성인의 감정이야말로 '사적 주관성'을 넘어 '공적 객관성'을 담보한 가장 이상적인 감정 활동임을 설파한다.

> 성인은 객관 사태로 보아 마땅히 기뻐해야 할 때 기뻐하고, 성인은 객관 사태로 보아 마땅히 노여워해야 할 때 노여워한다. 이런 까닭에 성인의 기뻐함과 노여움은 주관적 마음에 달려 있는 것이 아니라 객관적 사태에 달려 있다.[17]

정명도의 위 글에서 알 수 있듯이, 성리학적 수양론의 목표는 불교나 스토아학파에서처럼 모든 감정을 끊어 없애려는 것이 아니라, 감정을 당면 상황에 적합한 방식으로(즉 최대한 객관적이고 공정하게), 그리고 적정한 정도로(즉 과불급이 없도록) 표출하도록 안내하는 데 있다. 이것이 바로 '중화에 이르는 일(致中和)'이다.

4 미발의 도덕심리학적 의미

미발이란 희노애락 등의 감정이 아직 발하지 않은 상태, 즉 의식 활동의 특징인 지향성(intentionality)이 아직 심리 과정의 전면에 떠

오르지 않은 상태를 말한다. 이러한 상태는 심리학적 '사실'의 차원에서 보자면 아직 지향성이 개시되지 않은 '미(未)지향적 상태(pre-intentional state)'이지만, 도덕심리학적 '의미'의 차원에서 본다면 아무런 의도나 조작 또는 계교나 작위가 일어나지 않은 고요한 상태를 의미한다. 정이천은 아직 희·노·애·락의 감정이 일어나지 않은 마음의 국면을 "고요하여 움직임이 없는 상태(寂然不動)"로 규정하고, 이러한 상태야말로 천하의 커다란 근본이 된다고 말한다.[18]

미발과 대조적으로 이발이란 희노애락의 감정 활동이 이미 개시된 상태로서, 여기에는 '어딘가를 향하는' 의식 고유의 특징 즉 지향성이 담겨 있다.[19] 이러한 상태는 심리학적 '사실'의 차원에서 보자면 지향성이 이미 개시된 '이(已) 지향적 상태(already-intentional state)'이지만, 도덕심리학적 '의미'의 차원에서 본다면 자기중심적 계기와 전략 그리고 계교와 작위가 개입되어 있을 가능성이 큰 의식 상태이다. 정이천은 지향적 의식의 저변에 깔려 있는 자기중심적 전략과 관련하여 이렇게 말한다.

모든 일에 마땅히 해야 할 바가 있음을 안다면, 일부러 의도(意)를 품고 하려 해서는 안 된다. 의도(意)를 품고 하려 하면 곧 사심(私心)이 되고 만다.[20]

정이천과 비슷하게 주자는 지향적 의식 활동의 바탕에 깔려 있는 자기중심적 계기를 "이렇게 해야지(要恁地)!"라는 말로 표현한다. "이렇게 해야지!" 하고 마음먹는 순간 의식은 곧바로 의도와 작위 그리

인격 도야를 위한 사다리

고 계교와 조작의 단계에 들어서게 된다. 성리학자들은 왜 그토록 의도와 작위 그리고 조작과 계교를 경계하는가? 천지의 운행은 무의도·무조작·무계탁하지만, 사람의 의식 활동에는 생물학적 개체의 자기중심성(形氣之私)에서 연유하는 순수하지 못한 의도와 전략이 바탕에 깔려 있기 때문이다. 「극기」편 제33조에서는 장횡거의 말을 빌려, 의식 활동의 저변에 깔려 있는 자기중심적 경향성에 대해 이렇게 설명하고 있다.

> 담담하게 한결같음(湛一)은 기(氣)의 근본 상태이고, 배척하거나 취하려 함(攻取)은 기의 욕구이다. 입과 배가 음식을 향하고, 코와 혀가 냄새와 맛을 향하는 일은 모두 배척하거나 취하려는 성향(攻取之性) 때문이다. 덕을 아는 자는 그저 배만 채우면 족할 따름이다. 기욕(嗜欲)으로 마음을 얽어매지 않으려는 것은, 작은 것으로 큰 것을 해치지 않고, 끄트머리(末)로 근본(根本)을 해치기 않기 위해서이다.[21]

장횡거가 말하는 기는 유기체의 (의식 활동까지 포함한) 생명 활동을 의미한다. 유기체는 생물학적 자기 보존을 위하여 기본 수요를 충족시키는 방향으로 운동한다. 이러한 기본 수요는 천지자연이 부여한 삶의 조건이라는 점에서 모든 생명체가 동일하게 간직한 보편적 경향성이다. 그러나 자기 보존이라는 기본 수요를 뛰어넘어 '더 나은 맛'과 '더 좋은 냄새'를 추구하려는 일은 과잉 욕망 즉 기욕에 해당한다. 그래서 장횡거는 "덕을 아는 자는 그저 배나 채울 뿐 '더 좋은 맛'이나 '더 좋은 냄새'를 추구하지 않는다."라고 말하는 것이다. 그는 생물학적 자기 보존을 위하여 기본 수요를 충족하는 일은 모든 유기체가 간직한 보편적인 경향성이라는 점에서 '담담하게 한결같음'이라는 말로 표현한다. 필수 수요를 충족시켜 생명을 보존하려는 생명계의 기본 성향과 달리, 더 맛있고 향기로운 음식을 추구하거나 맛과 향기가 없는 음식을 배척하려는 기욕의 성향을 장횡거는 '배척하거나 수용하려는 성향(攻取之性)'[22]이라고 부른다.

공취지성(攻取之性)은 눈으로 '아름다운 색'을 추구하고 귀로 '좋은 소리'를 추구하듯, 대상을 계교(計較)하고 분변(分辨)하려는 자기중심적 지향성을 말한다. 이와 대조적으로 담일지성(湛一之性)은 자기중심적 지향 활동이 잠재워진 담담한 의식의 상태를 말한다. 장횡거에 의하면, 대상을 계교하고 분변하려는 공취지성이 잔잔해진 '맑고 순일한(湛一)' 상태야말로 기의 본래 상태이며 자기중심적 의도가 사라진 순일한 상태이다. 이 상태가 바로 성리학자들이 이상으로 추구하는 미발의 경지이다.

5   경 공부

의식은 아직 대상을 향해 능동적으로 지향 활동을 개시하지 않은 상태인 미발과 대상을 향하여 맹렬하게 활동을 개시한 상태인 이발로 나누어서 살필 수 있다. 성리학자들은 자아가 의식의 모든 국면에서 자기 주재력(self-sovereignty)을 행사할 수 있어야 한다고 본다. 운동하거나(動) 잠시 고요해진(靜) 의식의 모든 국면에 걸쳐 자기 주재

인격 도야를 위한 사다리

력을 행사하려는 성리학자들의 관심은 '미발 시 계구(戒懼)'와 '이발 시 성찰(省察)'이라는 두 가지 공부 방식으로 정리된다.

계구는 『중용』에 나오는 계신공구(戒愼恐懼)의 준말이다. '미발 시 계구'란 아직 의식의 지향 활동이 전개되기 전에도 항시 삼가고 경계하는 자세로 자아를 함양(涵養)하는 일을 말한다.[23] 이렇게 의식의 지향 활동이 개시되기 전에 미리 경각심을 가지고 자아를 함양해 나간다면, 의식이 대상을 향하여 활동을 전개하는 단계에서(已發時) 중절(中節)에 이르기 쉽다고 여겼기 때문이다.[24]

위에서 살펴보았듯이 미발이란 의식의 지향 활동이 아직 개시되지 않은 상태로서, 이러한 상태는 생물학적 개체의 자기중심성에서 연유하는 의도와 전략이 탈각된 '맑고 순일한' 상태이다. 성리학자들은 이러한 상태가 하늘이 부여한 순선한 성품이 오롯이 보존되어 있는 이상적인 상태 즉 '마음의 원형(archetypal state of mind)'에 해당한다고 보았다. 의도와 작위 그리고 조작과 계교로 오염되어 있기 쉬운 이발의 국면에서 벗어나 이러한 원형 상태로 되돌아가는 일은 본성의 회복과 자아의 도야를 위해 필수적인 공부로 간주되었다.

주자는 '미발 시 계구' 공부가 필요한 이유를 설명하기 위해 기마(騎馬)를 예로 든다. 말을 타고 길을 갈 때는 수시로 말고삐를 가볍게 당겨 주다가 험한 곳에 이르러서는 한층 강하게 말고삐를 장악해야 한다. 평탄한 대로라고 해서 말고삐를 놓아 버린다면 말이 제멋대로 내닫기 마련이다. 미발 공부 역시 이와 비슷하다. 미발 시에 계신공구의 태도로 내면을 조심스럽게 유지하는 일은 말을 타고 평탄한 길을 갈 때 수시로 가볍게 말고삐를 당겨 주는 일과 비슷하다. 대조적으로,

이발 시에 의식의 흐름을 정밀하게 성찰하는 일은 험한 길에 당도하여 말고삐를 강하게 장악하는 일과도 같다.

주자는 미발 공부의 필요성을 설명하기 위해 강물을 비유로 들기도 한다. 의식의 흐름은 강물과 비슷하다. 강물의 원류가 맑아야 하류도 맑을 수 있다. 원류가 흐린데 하류가 맑은 경우란 없고, 하류는 흐린데 원류가 맑은 경우도 없다. 따라서 하류가 맑으려면 먼저 강물의 원류가 오염되지 않게 맑고 순일한 상태로 보존해야 한다는 것이다.[25] 강물의 비유에서 원류는 미발에 해당하고 하류는 이발에 해당한다. 이발 시에 감정과 사고가 중절에 이르려면 미발 시에 외부로부터 오염된 유혹이 다가오지 못하도록 미리 막아야(防閑) 하고, 이발 시에 인의예지의 본성이 잘 실현되게 하려면 미발 시에 자아의 본성을 미리 보존하고 길러 나가는 일이 필요하다는 것이다. 이처럼 미발의 본성을 존양하여 장차 다가올 이발이 의식 속에서 온전하게 발현되게 하는 일이 바로 미발 공부의 목적이다.

정이천은 미발/이발이라는 의식의 분계에 맞추어 '함양'과 '성찰'을 공부법으로 제시하였지만, 이 두 가지 공부는 궁극적으로 함양성찰(涵養省察)이라는 하나의 목표를 위한 상보적 노력에 불과하다. 주자의 말을 빌리자면, "미발 시에 존양을 해야 하지만 이발 시에도 존양을 해야 하고, 이발 시에 성찰을 해야 하지만 미발 시에도 역시 성찰을 해야 한다. 어느 한때라도 공부가 없어서는 안 된다."[26]

'미발 함양'과 '이발 성찰'은 의식의 동(動)과 정(靜)을 관통하는 자기 점검의 공부법으로, 성리학자들은 이를 통틀어 경(敬)이라고 불렀다. 『근사록』에는 경과 관련된 북송 유학자들의 글이 여러 조목 수

록되어 있지만, 대표적으로 정이천의 문장을 하나 소개하면 다음과
같다.

사람의 마음은 만물과 접하여 움직이지 않을 수 없으므로 사려가 일어나
지 않도록 하기란 어려운 일이다. 만약 이를 면하고자 한다면, 오직 마음
에 주재(主宰)가 있도록 해야 한다. 어떻게 하면 주재가 있게 되는가? 그것
은 경(敬)일 따름이다. 마음에 주재가 있게 되면 텅 비게 되고, 텅 비게 된
다는 말은 사특한 생각이나 욕망이 들어오지 못하게 되는 것을 말한다.[27]

정이천의 설명에 잘 드러나 있듯이 경이란 의식의 동과 정을 막
론하고 항상 자기 주재력을 확보하려는 노력이다. 자기 주재력을 확
보함으로써 밖으로부터 사특한 유혹이 들어오지 못하도록 사전에 경
계하고 방한(防閑)하는 일이 바로 경 공부의 목적이다.『근사록』에 실
린 북송 유학자들의 경 공부에 대한 언급을 요약하면 다음과 같다.

● 마음을 항상 두려운 듯 간직하기(畏)
● 마음을 거두어들여 흐트러지지 않게 하기(收斂)
● 마음을 한곳으로 집중하여 산만하지 않게 하기(主一無適)
● 일어나는 일에 따라 수시로 마음의 흐름을 점검하기(逐事檢點)
● 마음을 항시 또랑또랑하게 깨어 있게 하기(常惺惺)
● 마음과 몸을 엄숙하고 단정하게 유지하기(整齊嚴肅)

경 공부를 통하여 마음을 흐트러지지 않도록 단정하게 유지함으

로써 얻을 수 있는 윤리적 효과는 무엇일까? 주자는 "마음으로 하여금 공정하고 사의(私意)가 없도록 하는 것"이 바로 경 공부의 효과라고 보았다.[28] 즉 일체의 사사로운 감정이나 자기중심적 태도가 탈락됨으로써 공정 무사한 관점에서 객관적 당위 원칙(道理)에 따라 사고하고 판단할 수 있으며, 이것이 바로 본래의 성품(性)을 발휘하는 일이라는 것이다. 경 공부를 통한 사의의 배제는 규범 윤리의 측면에서 보자면 이기주의의 극복이라고 할 수 있다. 주자는 "경(敬)에 도달하게 되면 마음이 바르게 되어 한구석의 사사로움도 없지만, 만약 경에 이르지 못하면 마음에는 온갖 이해타산이 들끓고, 하는 행위마다 사심에서 나오지 않은 것이 없게 된다."라고 말한다.[29] 또 "마음이 탁연하게 공정해지고 한 점의 사사로움도 없게 된다면, 이것이 바로 경"이라고 말하기도 한다.[30]

6   격물치지

경(敬)이 이상적 인격을 이루기 위한 내면 공부에 해당한다면, 격물치지(格物致知)는 합리적 인격이 되기 위한 외면 공부에 해당한다. 이와 관련하여 「위학」편 제58조에서는 정이천의 말을 이렇게 인용하고 있다.

> 함양에는 반드시 경(敬)을 써야 하고, 학문의 진보는 앎에 도달하는 데(致知) 있다.[31]

인격 도야를 위한 사다리

성리학에서 바람직한 삶이란 이치(理)에 맞게 사는 일이며, 바람직한 행위의 기준은 '이치를 따르는(循理)' 데 있다. 오늘날 널리 사용되는 합리(合理)라는 단어는 원래 성리학에서 나온 말로 인간의 사고나 행위가 '이치에 들어맞음'을 뜻한다. 이치에 맞게 사고하고 행위하기 위해서는 당연히 이치를 체득하는 일이 선결적으로 요구된다. 「치지」편 제9조에서는 정이천의 말을 인용하여, 『대학』에 나오는 격물(格物) 개념을 존재 세계의 이치(物理)와 행위 세계의 이치(事理)를 하나하나 철두철미하게 탐구해 나가는 일이라고 풀이하고 있다.

무릇 하나의 사태에는 하나의 이치가 있으니, 반드시 그 이치를 다 궁구해야 한다. 이치를 궁구하는 데는 다양한 방식이 있다. 독서를 통해 의리를 밝히기도 하고, 고금의 인물을 논하여 옳고 그름을 구별하기도 하며, 혹은 일상사에 접하여 마땅하게 처하는 것이 모두 이치를 궁구하는 방법이다. 어떤 이가 묻기를 "격물을 함에 모든 사태마다 다 탐구해야 합니까, 아니면 다만 하나의 사태만 탐구해도 모든 이치를 다 알 수 있습니까?" 답하기를 "어떻게 단박에 모든 이치를 꿰뚫어 알 수 있겠는가? 비록 안자(顏子, 안회)라 하더라도 그렇게 말하지는 않을 것이다. 반드시 오늘 하나의 이치를 탐구하고 내일 또 한 가지를 탐구하여, 쌓인 것이 많아진 후에 저절로 확 트여 관통함이 있게 될 것이다."[32]

성리학에서 탐구의 대상으로 말하는 이치(理)란 존재론적으로 이미 현상계에 내재해 있는, 따라서 인식론적으로 감각 경험과 추론 능력에 의해 파악할 수 있는 '개별적 이치들(殊別之理)'을 말한다. 자연

세계와 인간 세계에 내재한 수많은 이치 가운데 성리학자들이 일차적으로 관심을 갖는 이치는 인간 세계에서 행해야 할 당위 원칙으로서의 리 즉 도리(道理)이다.

성리학자들은 자연 세계에 사물의 이치(物理)가 있듯이, 인간 세계에도 인간이 마땅히 따르고 지켜야 할 행위의 이치(道理)가 존재한다고 보는 윤리 실재론자(ethical realist)들이다.[33] 위 글에서 정이천은 개개의 사태 그리고 개개의 행위마다 각기 합당한 이치가 있으므로 이러한 개별적 이치들을 하나씩 탐구해 나가야 한다고 말하고 있다. '하나의 보편된 이치(一本之理)'를 탐구하는 일은 자칫하면 사변적 공상으로 그칠 수 있으므로, '개별적 이치들'을 하나하나 철저하게 탐구해 나갈 것을 그는 권하고 있다. 이렇게 개별적인 이치들을 차근차근 탐구해 나간 후에야 비로소 개별적 이치들을 관통하는 보편적 이치를 깨닫는 일 즉 활연관통(豁然貫通)에 이를 수 있다는 것이다. 활연관통이란 개별적 이치들이 두서없이 멋대로 흩어져 존재하는 것이 아니라 하나의 유기적 체계 안에서 합목적적 질서를 유지하고 있음을 깨닫는 일을 말한다.

'격물궁리'를 통해 얻어지는 행위 세계의 이치에 대한 인식은 합리적 행위자가 갖추어야 할 외적 조건에 해당한다. 다른 한편으로 경 공부를 통하여 얻게 되는 공정 무사한 마음가짐은 합리적 행위자가 갖추어야 할 내적 조건이 된다. 합리적 행위자가 갖추어야 할 이러한 두 조건은 메타 윤리학에서 '이상적 관망자(ideal observer)'가 갖추어야 할 자격 요건으로 제시되는 무사의(無私意, disinterestedness), 공정성(impartiality), 그리고 객관 사실에 대한 충분한 인지(well-informedness)

등의 요건에 비견될 수 있다. 이상적 관망자 이론은 한 행위의 윤리적 타당성 여부가 어떻게 결정될 수 있는가 하는 메타 윤리학적 질문에서 비롯한다. 이 견해에 의하면, 한 행위는 오직 그리고 만약(if and only if) 이상적 관망자에 의해 옳다고 판정될 때만 옳은 것이고 이상적 관망자가 그르다고 판정하면 그른 것이다. 이때 이상적 관망자의 자격 요건은 위에서 든 바와 같이 무사의, 공정성, 그리고 객관 사실에 대한 충분한 인지 등으로 규정된다.[34]

7　기질 변화

모든 사람이 동일하게 순수한 본성을 품부받고 태어났다면 왜 현실 세계에는 선한 사람도 있고 악한 사람도 있는 것일까? 성리학자들은 이를 기(氣)의 탓으로 돌린다. 「도체」 편 제21조에서는 정명도의 말을 인용하여 선한 사람과 악한 사람의 다름이 생겨나는 이유를 이렇게 설명하고 있다.

"태어날 때 부여받은 것을 성(性)이라 한다." 성은 기와 분리될 수 없고 기는 성과 분리될 수 없으니, 가지고 태어난 것을 말한다. 사람은 날 때 기를 품부받아 태어나니 선하기도 하고 악하기도 한 것은 당연한 일이다. 그러나 원래 본성 속에 서로 대비되는 두 가지가 있어서 각기 달리 품부받아 태어나는 것은 아니다. 어릴 때부터 선한 사람도 있고 어릴 때부터 악한 사람도 있는 것은 원래 기질을 그렇게 부여받았기 때문이다.[35]

성리학의 설명에 의하면 사람은 몸뚱이를 구성하는 기의 혼탁함/투명함(昏明), 맑음/탁함(淸濁), 순수함/잡박함(粹駁), 치우침/바름(偏正), 통함/막힘(通塞) 등의 차이로 인하여 기질에 있어 다양한 편차를 보이게 된다. 기질(氣質)은 성격을 구성하는 원재료로, 외부 자극에 대한 느낌과 반응의 습관적인 경향성, 반응의 강도와 민감성 등으로 이루어진 성격적 특질(character traits)을 말한다. 성리학에서 개별 인간들이 지닌 기질의 차이는 인체를 구성하는 다섯 기운(五行)의 '치우침(偏重)'에서 비롯한 것으로 설명된다. 예를 들어 목기(木氣)를 편중되게 품부받은 사람은 동정심(측은지심)은 많지만 수오·사양·시비지심은 목기에 막혀 발휘되지 못한다. 또한 금기(金氣)를 편중되게 품부받은 사람은 도덕적 수치심과 분노감(수오지심)은 많지만 측은·사양·시비지심은 금기에 막혀서 발휘되지 못한다.[36] 즉 목기를 편중되게 부여받은 사람은 인(仁)이 많고, 금기를 편중되게 부여받은 사람은 의(義)가 많은 성격적 장점을 지니게 된다.[37] 뒤집어서 말하면, 목기를 많이 받고 태어난 사람은 강인하지 못하고, 금기를 많이 받고 태어난 사람은 자상함이 부족하다는 성격적 결함을 지니게 된다.[38] 오행의 다섯 기운을 고루 품부받아야만 중정(中正)한 성품을 갖추게 되며, 성인은 다섯 기운을 고루 품부받은 중정한 성품의 소유자이다.

기질지성(氣質之性)이란 이렇게 태어날 때부터 신체를 구성하는 질료적 조건으로 인하여 개별 존재들이 각기 다르게 갖게 되는 성격적 경향성을 의미한다. 사람은 태어날 때 부여받은 도덕적 본성에도 불구하고 품부받은 기질의 영향으로 인해 본래의 성향을 제대로 발휘하지 못하게 된다. 따라서 성리학적 수양론의 주요한 목표 중의 하

인격 도야를 위한 사다리

나는 수양을 통하여 편벽된 기질을 변화시킴으로써 본래의 도덕 성향이 제대로 발휘될 수 있도록 하는 데 있다. 「위학」 편의 제80조와 제100조에서는 장횡거의 말을 인용하여, 학문하는 이유 중 중요한 한 가지는 편벽된 기질을 변화시키는 일임을 밝히고 있다.

> 몸뚱이(形體)가 생긴 뒤에 기질지성이 있게 되지만, 잘 돌이켜 보면 천지지성(天地之性)이 존재한다. 그러므로 군자는 기질지성을 참된 본성으로 여기지 않는다.[39] 학문을 하는 커다란 이점은 자신의 기질을 변화시킬 수 있다는 데 있다. 그렇지 않다면 모두 남을 위한 학문을 하는 병폐에 빠져 도를 밝히지 못하고 성인의 오묘함도 엿볼 수 없게 된다.[40]

장횡거의 "기질을 변화시킨다."라는 말은 곧 느끼고/사고하고/판단하는 마음의 패턴 즉 성향(disposition)을 바꾸는 일을 의미한다. 성향을 한결 성숙하고 완선한 상태로 변화시켜 나가는 일은 예나 지금이나 성향 윤리(disposition ethics)에서 추구해 온 핵심 과제이다. 성리학에서 제시하는 기질 변화의 방법은 다양하지만 정리하자면 건강한 자기상(自己像)의 확립, 자기 지각의 증진, 의지력의 강화, 자기 조절과 자기 통제, 그리고 인지 체계의 개선 등으로 요약할 수 있다.

자기상의 확립

편벽된 기질로 인한 성격적 결함을 개선하기 위해서는 먼저 도달하고자 하는 인격의 이상을 설정하는 일이 필요하다. 이상적인 인격의 표준을 설정함으로써 현재 자신이 지니고 있는 성품의 결점과 한계를 지각하고, 더 나은 상태로 나아가기 위해 노력을 쏟을 수 있다. 성리학에서는 이상적인 인격의 표준을 성인에 둔다. 「위학」편 제1조에서는 주렴계의 말을 인용하여 "성인은 하늘과 같아지기를 희구하고, 현자는 성인이 되기를 희구하며, 선비는 현자가 되기를 희구한다."[41]라고 적고 있다. 또 「위학」편 제3조에는 정이천의 말이 이렇게 실려 있다. "문: 성인은 배워서 이를 수 있는가? 답: 그렇다."[42] 정이천의 이러한 자문자답은 성인이라는 이상적 인격의 내면화를 위한 자기 암시(auto-suggestion)의 단면을 보여 준다. 주렴계와 정이천의 언명을 통하여 성리학적 문화 집단이 공통으로 추구했던 이상적 인격의 주조 과정을 선명하게 알 수 있다.

이상적인 자아상을 성인에 두고 이를 실현하기 위하여 노력을 경주하는 일은 오늘날 인본주의 심리학에서 말하는 자기실현(self-actualization)의 이론과 유사하다. 로저스와 매슬로 그리고 올포트 등의 인본주의 심리학자들은 한 인격체가 자기(self)를 어떻게 보는가 하는 '자아상'에 따라 성격을 개선하고 성장할 수 있다고 본다. 로저스의 '자기 개념의 재조직화',[43] 올포트의 '고유 자아(proprium)'[44]라는 개념은 성리학적 수양론의 기질 변화설을 이해하는 데 시사점을 준다. 기질의 영향에 매여 있는 현상적 자아(氣質之性)의 한계를 자각하고 성인이라는 이상적인 자아상을 확립하는 일은 로저스가 말하는 '자기 개념의 재조직화'에 해당한다. 그리고 기질의 영향을 제거하고 본래부터 품부받은 본성(本然之性)을 회복하는 일은 올포트가 말하는 '고유 자아'의 실현에 해당한다. 주자에 의하면, 인간의 본래적 성품은 구름이나 안개에 갇혀 그 빛이 드러나지 못하는 해나 달과 같으

인격 도야를 위한 사다리

며,[45] 물속에 잠겨 있는 구슬이나 잿더미 속에 숨어 있는 불씨[46]에도 비유될 수 있다. 이처럼 자아의 심연에 숨겨진 고유한 자아를 계발하여 실현하는 일이 바로 성리학적 수양론의 목적이다.

자기 지각의 증진

성리학자들에 의하면, 한 인격체가 자신의 기질이나 성격적 결함을 품부받은 기질의 탓으로 돌리고 자신의 결점에 대해 아무런 자각도 하지 못한다면 이는 스스로에 대한 책무를 방기하는 일이다. 주자 자신도 "나의 기질이 지닌 병통은 화를 잘 내는 데에 있다."[47]라고 고백한 적이 있지만, 기질로 인한 좋지 못한 성향을 개선하기 위해서는 자신의 기질에 대한 '자기 지각'이 선결적으로 요청된다.

격물과 성찰 등의 공부법은 이러한 능력을 계발하기 위한 구체적인 방법으로 볼 수 있다. 격물은 독서와 강론 그리고 유추와 사례 분석 등을 통한 인지적 공부임에 비해, 성찰은 매 순간 일어나는 내면의 느낌과 사고에 대한 반성적 알아차림을 의미한다. 주렴계는 극히 미세한 시간의 분절 속에서 드러나는 의식의 지향성을 기(幾)라 부르고, 의식의 지향 활동이 전개되는 미세한 순간에 시/비와 선/악이 나뉜다고 본다. 따라서 의식의 흐름을 정미하게 살피는 자기 점검의 활동 즉 성찰을 통하여 자기 지각의 능력이 증진될 수 있다고 본다.

현대 심리 치료의 어떤 학파에서는 내담자의 정서 장애와 성격 결함을 치료하기 위하여 명상 기법을 도입하기도 한다. 명상을 통하여 내면 깊숙이 가라앉아 있는 무의식적 느낌과 상태에 주의를 집중함으로써 자기 이해가 증진되고 자기 지각이 강화될 수 있다고 보는 것이다. 그러나 성리학의 수양론에서 자기 지각은 꼭 명상이나 정좌와 같은 고요함(靜)의 추구만을 통해 이루어지는 것은 아니다. 일상생활과 대인 관계에서 사고와 판단이 활발하게 전개되고 있는 바로 그 순간에도 주체는 자신의 느낌과 생각이 옳은지에 대해 그때그때 지각할 수 있어야만 '깨어 있는 상태(惺惺)'라고 할 수 있으며, 이를 통하여 자기 지각이 증진될 수 있다고 보는 것이다.

자기 통제와 의지력의 강화

인격 주체가 자신의 기질과 성격에 내재된 결함을 지각했다면, 성격 개선과 자기실현을 위한 다음 과정은 스스로의 의지력을 동원하여 결점이라고 여겨지는 성향을 개선해 나가는 일이다. 소위 자기 조절과 자기 통제라고 할 수 있는 이러한 과정은 이상적인 자아상에 도달하려는 치열한 노력 없이는 불가능하다. 「존양」편 제 56조에서는 이러한 노력을 의지(志)에 의한 기(氣)의 통제로 설명한다.

> 『맹자』에 "지(志)를 지켜서 기(氣)가 거칠어지지 않도록 해야 한다."라고 한 것은 안과 밖을 상보적으로 기르는 일이다.[48]

성리학에서는 주체의 의지가 강화되면 기질의 영향력이 상대적으로 약화되고, 역으로 기질의 영향력이 증대되면 주체의 의지력이 상대적으로 약화된다고 본다. 즉 의지와 기질은 서로 길항 관계에 놓여 있다고 보는 것이다. 주자는 의지(志)와 기질(氣) 사이의 상관관계를 덕성(德性)과 기품(氣稟)의 승부 관계로 설명하기도 한다.[49] 즉 덕

인격 도야를 위한 사다리

성이 기질을 이기면 인격 주체는 덕성에 의해 인도되고, 역으로 덕성이 기질을 이기지 못하면 주체는 기질이 요구하는 대로 이끌린다고 보는 것이다. "덕성으로 기질을 이긴다."라는 말은 단지 내면적인 노력만을 가리키는 것은 아니다. 이러한 노력은 일상생활에서 세세한 부분까지도 범절에 어긋나지 않도록 몸가짐을 단정하게 유지하려는 자기 검속의 노력을 통해서 가능해진다. 이른바 경 공부라고 불리는 일상에서의 실천이 바로 그것이다.

인지 체계의 개선

자기상의 확립, 자기 지각의 증진, 의지력의 강화, 자기 조절 및 자기 통제와 더불어, 기질 변화를 위해 요구되는 마지막 사항은 인지 체계의 개선이다. 인지 체계는 밖으로부터 받아들이는 정보의 선택과 분석 그리고 해석과 추론을 통하여 종합적으로 판단을 내리는 정보 처리 과정의 소재지를 말한다. 인지 체계가 충분히 발달하지 못하면 '자기상'과 관련된 장기적인 목표를 수립할 수 없을 뿐 아니라, 나아가서는 기질에서 연유하는 정서적 요동과 감각적 유혹에 효과적으로 대응하지 못하게 된다. 이상적인 목표를 수립하고 효과적인 전략을 산출할 수 있는 정보 처리 능력이 취약하기 때문이다. 따라서 인지 체계를 개선하고 정보 처리 능력을 증진하기 위해서는 사리(事理)에 대한 이해력과 분석력 그리고 해석력과 판단력의 계발이 종합적으로 요구된다. 격물이라 불리는 인지적 공부가 여기에 해당한다.

주자는 비록 인간의 기질이나 성향이 신체를 구성하는 질료적 조건에 의존한다고 보았지만, 이상적인 자아상의 확립, 자기 조절과 자기 검속, 그리고 의지력의 강화와 인지 체계의 개선을 통하여 '기질의 변화'가 가능하다고 보았다. 물론 그는 기질의 변화가 쉽게 이루어질 수 있다고는 여기지 않았지만,[50] 지속적이고 점진적인 노력을 통하여 기질의 변화를 통한 성품 도야가 가능하다고 보았다. 주자보다 약 500년 뒤에 살았던 영국의 경험주의자 흄은 지능이나 기질 그리고 성격과 같은 천부적 능력은 자연적으로 주어진 것으로 변화가 극히 어렵다고 보았지만, 처벌과 보상 그리고 칭찬과 비난에 의해 어느 정도까지는 교정이 가능하다고 보았다.[51] 흄이 말하는 처벌과 보상 그리고 칭찬과 비난은 외부로부터 주어진 영향력으로서, 주자가 말하는 이상적인 '자기상'의 확립이나 '자기 조절' 그리고 인지 체계의 개선을 위한 '자발적인 노력'과는 상당한 차이가 있다. 주자의 경우, 기질 변화와 성품 도야의 동기는 칭찬이나 비난과 같은 외부적 요인으로부터 유발되는 것도 아니고, 처벌이나 보상과 같은 공리적 요인에 의해 유발되는 것도 아니다. 성리학의 수양론은 인격체 자신이 "어떤 사람이 되고자 하는가?"하는 물음과 관련된 자기 도약(self-ascendance)의 희구에서 출발한다. 이 점에서 볼 때, 흄의 인성론은 성품의 도야와 관련해서 수동적이고 공리주의적인 특징을 지니는 데 비해서, 성리학의 인성론은 자발성과 자율성을 강하게 함축하고 있음을 알 수 있다.

이와 같이 기질 변화에 대한 성리학적 논의의 특징은 기질 변화와 성격 개선을 위한 동기와 힘이 외부가 아닌 인격체 자신으로부터 비롯한다는 데 있다. 이상적 인격의 수립, 자기 지각과 자기 검속, 의지력의 강화와 인지 체계의 개선 등은 모두 인격체 스스로에 의해서

인격 도야를 위한 사다리

이루어지는 자기 치유(self-healing) 과정이라고 할 수 있다. 현대의 심리 치료가 '타인에 의해 만들어지는 자아(self made by others)'를 전제하고 출발하는 데 비해, 성리학에서는 '자기 힘으로 만든 자아(self-made self)'[52]를 선호한다. 또한 오늘날 대부분의 치료법들이 치료나 상담을 통하여 환자의 심리 상태를 현상 유지(status quo)의 상태로 되돌려 놓으려는 데 비해, 성리학적 수양론은 현상 유지의 수준을 넘어서 '이상 인격'의 단계로 자아를 고양하고자 한다. 성리학의 이러한 관점은 단순한 성격 치료의 수준을 넘어선 '열망의 윤리(ethics of aspiration)'로서의 특징을 보여 준다. 성리학의 이러한 특징은 인격 주체의 자발성과 자율성 그리고 자기 결정권과 향상 가능성을 강조한다는 점에서 현대의 의타적(依他的) 치료법에 의미 있는 시사를 던져 준다.

8   나가면서 ── 성리학의 궁극 목표와 이상 인격의 도야

성리학에서 이상적인 인격의 모델은 '천지'와 '성인'이다. 천지는 만물에게 생명을 부여해 주지만 결코 의도적이거나 계획적이지 않으며, 성인은 만인을 보듬어 주지만 결코 작위적이거나 자기중심적이지 않다. 유학에서는 비의도적이고 비작위적인 천지의 운행을 본받아 백성들을 이롭게 보살피는 성인을 이상 인격의 모델로 제시한다. 『주역』과 『중용』 등 원시 경전에서 성인은 자기중심적 의도나 전략이 탈락된 순일한 의식의 소유자로 묘사된다. 이처럼 『주역』과 『중용』 등의 경전을 통해 전승된 성인의 관념은 송대에 새롭게 구축된 수양론의 체계에서 이상 인격의 전범(典範)으로 간주되었고, 유학자들의 뇌리 속에 이상적인 자아상으로 각인되었다. 이처럼 자아의 심연 속에 '자기의 원형'인 양 각인되어 있는 무의식적 표상을 융은 '원형 무의식(archetypal unconsciousness)'이라고 부른 바 있다.[53]

도학(道學)을 신봉하는 문화 집단이 공통으로 간직한 '이상적인 인격'의 모델 즉 성인은 정신분석학의 용어로 '무의식적 집단 표상 (unconscious collective representation)'이라고 부를 수 있을 것이다. 신념과 가치를 공유하는 한 문화 집단이 주조해 낸 성인이라는 표상은 개별 주체의 심연 속에 각인되어 '진정한 자아' 또는 '본래적 자아'로 간주되었다. 성리학자들이 본래적 성품으로 여기는 본연지성이나 의리지성 또한 매한가지이다.

메타 철학적 관점에서 보았을 때, 옳음(義)과 이치(理)를 추구하는 인간의 성향은 생물학적 존재로서 인간이 날 때부터 가지고 태어난 자연적 성향은 아닐 것이다. 이러한 성향은 옳음과 이치를 추구하는 도덕 공동체 안에서 사회화의 과정을 거치며 자아의 심연에 각인된 제2의 본성이라고 할 수 있다. 이러한 제2의 본성은 자아의 심층에 각인되어 '본래부터 그러한 성품(本然之性)'으로 간주되기도 하고, '하늘이 부여해 준 성품(天命之性)'으로 여겨지기도 했다. 측은·수오·사양·시비 등 네 가지 도덕 감정(四端) 또한 마찬가지이다. 이러한 도덕 감정들은 날 때부터 가지고 태어난 것이라기보다, 가치와 신념을 공유하는 문화 집단 안에서 바람직한 것으로 여겨지고 학습된 '체화된 정서(embodied emotions)'에 가까운 것으로 보인다.

송 초에 사대부-독서인 계층의 자각 운동으로 시작된 성리학은

인격 도야를 위한 사다리

장차 과거를 통하여(또는 재야에 남아서라도) 백성들 위에 군림하게 될 지배 계급을 성인에 버금가는 대공무사한 인격으로 주조해 내는 데 궁극 목적이 있었다. 서원에서의 강학 활동과 사승(師承) 관계에 의한 전승을 통하여 '성인과 같은 인격', '참된 자아', '본래의 성품', '미발의 순선한 본성' 등의 이념은 송대 성리학자들의 뇌리에 원형 무의식으로 간직되었다.

성리학은 송대 중국뿐 아니라 500여 년에 걸쳐 조선 사회를 지배했던 주도 이념이었다. 성리학의 목표와 이념이 조선에서 얼마나 잘 구현되었는지에 대해서는 별도의 기나긴 논의를 필요로 한다. 하지만 퇴계와 율곡이 국왕에게 올렸던 『성학십도』와 『성학집요』를 통해 성인이라는 이상 인격에 대한 희구가 조선이라는 문화적 공간에서 단지 이론적/관념적 차원이 아닌 현실적/실천적 차원에서 얼마나 강렬하게 대두되었는지 그 일단을 미루어 짐작할 수 있다. 이 글에서는 다만 『근사록』에 나타난 성리학의 궁극 관심과 핵심 내용을 일별하는 것으로 만족하고자 한다.

이승환 고려대학교 철학과를 졸업하고 국립대만대학교 철학연구소에서 석사 학위를, 미국 하와이 주립대에서 박사 학위를 받았다. 동아대학교를 거쳐 현재 고려대학교 철학과 교수로 재직 중이며, 한국동양철학회 회장과 고려대학교 철학연구소 소장을 역임했다. 저서로 『횡설과 수설: 400년을 이어 온 성리 논쟁에 대한 언어분석적 해명』, 『유교 담론의 지형학』, 『유가 사상의 사회철학적 재조명』, 『서양과 동양이 127일간 e-mail을 주고받다』(공저), 『중국 철학』(공저) 등이 있고 주요 논문으로 「주자 수양론에서 미발(未發)의 의미」, 「성리학 기호 배치 방식으로 보는 조선 유학의 분기」 등이 있다.

20

도를 알고 실천함에 의한 성인됨의 학문을 체계화하다

이황의 『성학십도』 읽기

이광호 (연세대학교 명예교수)

이황(李滉, 1501~1570)

자는 경호(景浩), 호는 퇴계(退溪), 퇴도(退陶) 등이며 시호는 문순(文純)이다. 경상도 예안현(지금의 경상북도 안동시)에서 진사 이식(李植)의 팔남매 중 막내로 태어났다. 태어난 지 얼마 되지 않아 아버지를 여의고 12세 때 숙부에게서 『논어』를 배웠다. 23세에 상경해 성균관에 입학, 28세에 진사가 되었고 34세에 식년 문과에 급제했다. 이후 승문원 교리, 대사성, 형조 참의, 병조 참의, 부제학, 공조 참판, 공조 판서, 예조 판서 등을 거치며 배명과 사직을 반복했다. 69세에 벼슬에서 완전히 물러나 고향에 은거하며 살다가 다음 해에 세상을 떠났다. 『성학십도』, 『주자서절요』, 『자성록』, 『계몽전의』 등의 저술을 남겼다.

1 유학은 과연 학문인가?

유학만큼 '학(學)'을 중시하는 사상은 없다. 학문(學問)이라는 용어 자체도 물론 유학에서 유래한다. 『논어』에는 학문이라는 용어가 아직 등장하지 않지만 '학'이라는 글자는 80여 회 나온다. 시작부터 "배우고 때로 익히면 또한 즐겁지 아니한가!"[1]이다. 유학의 중요한 텍스트인 『소학』과 『대학』은 제목에 이미 '학' 자가 들어 있다. 유학의 경전이라고 불리는 사서삼경은 모두 '학'과 관련된 내용이며, 유학에서는 이러한 '학'을 곧 학문이라고 불렀다. 그런데 오늘날 교육을 받은 사람들에게 "유학이 과연 학문인가?"라고 물으면 대개는 수긍하지 않을 것이다. 유학에서 말하는 학문의 내용은 무엇인가? 그리고 유학자들은 유학을 왜 학문이라고 불렀는가? 나는 유학에서 말하는 학문의 목표가 무엇이며 그 방법은 어떠한 것인지 이해하기 위하여 40년 가까이 노력했다.

오늘날 학문을 하는 사람들은 서구의 학문관을 수용하고 서구 학문의 목표와 방법을 따른다. 현대 서구의 학문은 과학을 그 중심에 두고 있다. 그래서 모든 학문은 과학이라는 수식어를 붙이기 좋아한다. 인문학자들도 자신들이 하는 학문을 인문과학이라고 부르기를 좋아한다. 과학은 학문을 하는 주체와 객체를 엄격하게 나눈다. 주체의 개입을 줄이기 위하여 가능한 한 주체는 고려하지 않고 대상화된 객체를 객관적으로 탐구한다. 객체 세계의 현상과 그 법칙을 발견하는 것을 학문의 목표로 삼는다고 할 수 있다. 과학에서 가치는 주관적인 것이므로 배제해야 한다.

도를 알고 실천함에 의한 성인됨의 학문을 체계화하다

그러나 유학의 학문의 목표와 방법은 과학과는 매우 다르다. 유학이 지향하는 학문의 목표는 올바른 삶이다. 인간은 생각하고 실천하며 살아가는 존재이다. 유학에서는 인간의 삶에 도(道)가 있으며 이 도를 알고 그에 따라 사는 삶을 참된 삶으로 이해했다. 과학을 기반으로 한 현대 학문이 객관적 사실을 중심으로 한 학문인 데 반하여 유학은 도 즉 참되고 올바른 삶의 길이라는 가치를 중심으로 삼는 실천 학문이라고 할 수 있다. 사람이 도를 알지 못하면 바른 삶을 살 수 없고, 세상에 도가 없으면 난세라고 생각했다. 도에 대한 물음과 답을 추구하며 진행되는 유학의 문제는 결코 개인의 삶과 인간의 삶에만 머무르지 않았다. 도는 사적인 삶의 길이 아니다. 혼자 다니는 샛길은 도라고 부르지 않는다. 모든 사람이 다니는 광명정대(光明正大)한 공적인 길을 도라고 부른다. 도의 범위는 자신의 삶에서 출발하여 가정과 국가와 천하로 확대되고 자연과 우주로 확대되어 나갔다.『논어』에는 '도' 자가 90회 가까이 나온다. 공자는 "아침에 도를 알게 되면 저녁에 죽어도 좋다."라고 하였으니, "열다섯 살에 학문에 뜻을 두었다."라고 하는 것도 이때 이미 도를 알고 실천하기 위한 노력을 시작했다는 것이다. 도를 알면 저녁에 죽어도 좋다는 정신으로 도를 지향한 학문을 한 결과 서른 살에 "삶이 확립되고(立)" 마흔에 "미혹되지 않고(不惑)" 쉰에 "천명을 알고(知天命)" 예순에 "귀가 순하게 되고(耳順)" 일흔 살이 되었을 때는 "마음이 하고자 하는 대로 하여도 법도를 어기지 않게 되었다(從心所欲不踰矩)." 학문의 축적과 함께 삶의 질적인 수준을 끌어올린 것이 공자의 학문이며 학문을 통한 인간의 질적인 변화가 유학이 추구하는 학문의 정신이다. 공자는 고대 성현들이 수립한 유교 문화의 원형을 육경(六經)으로 정리하여 후대에 전하고 공자 이후의 유학자들은 이를 계승하여 발전시켰다. 맹자는 공자를 이어받아 "사람의 삶에는 도가 있다. 배부르게 먹고 따뜻하게 입고 편안하게 지내며 교육이 없으면 금수에 가깝게 된다. 성인이 이를 걱정하여 설(契)을 사도로 삼아 인륜을 가르쳤다."²라고 하였다. 맹자의 성선설과 사단(四端)과 왕도 정치는 모두 유학의 도를 설명하기 위한 내용들이다. 송대 이후의 성리학은 공자와 맹자의 가르침, 그리고 자사가 지었다는 『중용』과 증자가 지었다는(청대 고증학자들은 이를 부정한다.) 『대학』을 사서(四書)라고 하여 육경에 뒤지지 않는 경전의 수준으로 끌어올렸다. 성리학은 육경과 사서를 중심으로 도리의 철학 체계를 갖추어 동아시아 근대를 지배하는 사상으로서의 지위를 누렸다.

2   도를 지향한 퇴계의 유학적 문제의식

먼저 『성학십도(聖學十圖)』 이전에 퇴계의 도학적 문제의식을 중심으로 그의 생애를 살펴볼 필요가 있다. 퇴계 이황은 1501년에 태어나서 1570년에 타계했다. 경상도 예안현(禮安縣) 온계리(溫溪里), 지금의 안동시 도산면 온혜리에서 7남 1녀 중 막내로 태어나 7개월 만에 아버지를 여의고 홀어머니 아래서 자랐다.

퇴계를 이해할 때 중요한 키워드가 몇 가지 있는데 12세에 가장 중요한 키워드가 한 개 나온다. 그는 삼촌인 송재(松齋) 이우(李堣, 1469~1517)에게 『논어』의 "집에 들어가서는 효도하고 밖에 나가서는 공손해야 한다."³라는 구절을 배우다가 "사람의 아들로서 마땅히 이와 같이 살아야 한다. 인간다운 삶을 살려면 마땅히 부모에게 효도하고 밖에 나가선 공손해야 한다."라고 생각했다. 그리고 "모든 일에 옳은 것을 '이(理)'라고 합니까?"⁴라는 질문을 던져서 송재를 기쁘게 했다. 이에 송재는 "네가 이미 문장의 뜻을 이해하는구나." 하고 칭찬했다. 퇴계가 평생 동안 밝히기 위하여 노력한 '이'에 대한 물음은 이미 12세에 시작된 것이다.

퇴계 하면 사람들이 흔히 떠올리는 문구가 있다. "이발이기수지, 기발이이승지(理發而氣隨之, 氣發而理乘之)"라고 하여 '이'와 '기'가 함께 번갈아 가며 발한다는 것이다. 퇴계의 경우 '이'는 바로 인간의 일상적인 도리이며 근원적으로는 영원하고 절대적인 진리이자 하늘이다. 이러한 진리가 인간의 일상적인 삶에서, 인간의 정감 가운데서 드러난다는 것은 오늘날로 말한다면 사상사를 바꿀 중대 선언이다. 이는 유학 사상 출발의 전제가 되는, 하늘이 명한 본성이 인간에게 내재하며 현실적 삶에서 선한 마음으로 드러난다는 맹자의 성선설과 사단설의 재천명이다.

퇴계가 평생에 걸쳐 가장 고민한 문제가 '이'의 문제였다. 모든 학문은 이법을 탐구한다. 물리학은 물질의 이법을 탐구하고, 화학은 화학의 이법을 탐구하고, 기계공학은 기계의 이법을 탐구한다. 이런 이법은 대체로 대상적 사물의 법칙을 궁구하는데, 퇴계가 고민한 '이'는 대상적 사물의 법칙과는 다르다. "사람의 도리를 다해야지."라고 말할 때의 도리(道理)에 속하는 '이'이다. 퇴계는 바로 '사람으로서 어떻게 사는 것이 마땅하냐?'라고 할 때의 '마땅함'의 현상과 근원을 통철하게 알고자 한 것이다. 12세라는 어린 나이에 던진 이 물음은 평생 동안 지속되었으며, 이는 바로 유학을 근본적으로 이해하기 위한 노력이자 인간과 자연을 새롭게 이해하는 길이었다.

퇴계는 14세 때 도연명의 시를 사랑하고 15세 때는 「석해(石蟹)」라는 시를 남긴다. 석해는 가재라는 뜻이다.

> 돌을 짊어지고 모래를 뚫으면 스스로 집이 생기네.
> 앞으로 가다가 뒤로 달리는데 발은 특별나게 많구나.
> 평생 동안 한 줌 샘물 속에 살면서,
> 강과 호수의 물이 얼마나 되는지 묻지 않는구나.[5]

산속 맑은 물에 사는 가재를 보고 '좁은 물속에 살지만 저렇게 즐거워하며 살 수 있구나.' 하는 생명의 즐거움을 느끼고 있다. 도리에 대한 문제의식, 제각기 자신의 본성을 실현하며 사는 생명의 즐거움에 대한 궁금함, 이것이 퇴계가 지녔던 물음의 기본임을 알 수 있다.

34세에 대과에 급제하여 서울에서 관직 생활을 시작하지만, 을사사화(乙巳士禍) 후 조정에 더 머무를 마음을 잃은 퇴계는 46세에 장인과 둘째 부인 권씨가 사망하자 문상을 이유로 고향으로 돌아가 토계(兎溪) 상류에 양진암(養眞庵)이라는 암자를 짓고, 토계라는 개울 이름을 '퇴계'로 고쳐서 자신의 호로 삼는다. 다음은 「양진암」이란 시이다.

> 대강대강 암자를 열어서 이름을 양진이라고 했네.
> 산에 의지하고 물을 임하고 있으니 정신을 기르기에 족하구나.

도를 알고 실천함에 의한 성인됨의 학문을 체계화하다

천 리 밖의 친구가 마치 알고 있는 것처럼

그가 보낸 편지에 쓰인 두 글자가 새롭구나.[6]

양진(養眞)이라는 글자 속에도 퇴계의 문제의식이 드러난다. 오늘날 진리를 탐구한다고 하면 '객관적인' 이치를 파악하기 위해 노력한다는 의미로 받아들여진다. 그런데 퇴계가 이야기하는 진리는 양진, 즉 '기를 수 있는' 진리이다. 기를 수 있는 진리는 인간 내면의 살아 있는 진리이다. 진리에 기르면 자라는 생명력이 있다고 본 것이다. 퇴계가 자기 자신과 모든 생명의 내면에 있는 주체적 생명의 이법에 관심을 두었음을 알 수 있다.

48세에는 충청도 단양 군수가 되었는데 마침 형인 이해(李瀣, 1496~1550)가 충청도 감사로 부임해 와 자신은 풍기 군수로 옮겨 간다. 49세에는 관직에서 물러나기 위해 사직서를 세 번이나 제출했는데 감사가 허락하지 않자 그냥 집으로 돌아가 버렸고, 이로 인해 직급이 2등급이나 강등된다.

퇴계가 「천명도」와 「천명도설후서」를 통해 학자로서 널리 알려진 것은 53세 이후이고, 47~53세 때까지는 매우 많은 시를 남겼다. 그중에는 진리에 대한 간절한 갈구와 퇴계의 내면에서 학문이 익어 가는 정황이 느껴지는 시가 많다. 「퇴계」라는 다음 시는 50세 때 안동에서 지은 것으로, 진리를 향한 아름다운 정경이 느껴진다.

몸이 물러나니 어리석은 분수에 편안하고

학문이 자꾸 퇴보하니 늙음이 걱정일러라.

시냇가에 비로소 거처를 정하고

흐르는 물가에서 날마다 반성을 하네.[7]

51세에는 도연명의 음주 시 20수에 화답한다. 퇴계는 도연명의
시를 대단히 사랑한 듯하다. 화답 시 제14수에는 도를 향한 간절한
심정이 잘 드러나 있다.

순임금과 주 문왕이 세상을 떠난 지 오래니

산의 동쪽에 봉황새 오지를 않네.

상서로운 기린마저 또한 이미 멀어졌으니

말세라 모두 어지러워 취한 것 같네.

낙양과 복건성의 학문을 우러르니

많은 현인들이 비늘처럼 차례로 일어났네.

나 태어남이 늦고도 궁벽한 곳에서였으니

타고난 귀한 것 닦기에 홀로 어둡네.

아침에 도를 들으면 저녁에 죽어도 좋다고 하니,

이 말이 참으로 맛이 있다네.[8]

화답 시 제18수는 술을 좋아하는 사람이라면 읽어 볼 만하다.

술 가운데 참으로 오묘한 이치가 있는데

사람들마다 다 아는 건 아니더라.

술에 취해서 소리치는 가운데서 즐거움을 취하는 사람들,

도를 알고 실천함에 의한 성인됨의 학문을 체계화하다

그대들 뭐 좀 잘못된 거 아니오.

잠시 술기운이 훈훈하게 되면

호연지기가 천지 사이에 가득 차서

온갖 번뇌 다 풀어헤치고 인색한 마음 다 녹이나니,

그렇게 살다 보면 남가일몽의 꿈보다 훨씬 낫도다.

결국은 술에 기대어 가지고 즐거워하는 것이니,

바람을 마주해서 장주(莊周)에게 부끄러워 침묵하노라.[9]

술에 의지할 필요 없이 진리 자체를 즐기는 삶에 아직 도달하지 못한 것을 부끄럽게 여기고 있다. 이러한 부끄러움이 약간의 가벼운 자신감으로 바뀌기 시작하는 것은 52세 봄 무렵부터이다.

누렇게 바랜 책 가운데서 성인과 현인을 마주 대하며

텅 비게 밝은 방 안에 초연히 앉아 있도다.

매화 핀 창문을 통해서 또 봄소식을 보게 되니

거문고 줄 끊어졌다 탄식하지 말라.[10]

방 안에 초연히 앉아 책 속의 성인과 현인을 마주 대하는 모습이 상당히 자유롭다. '탄절현(嘆絶絃)'은 백아(伯牙)와 종자기(鍾子期)에 얽힌 유명한 고사 백아절현(伯牙絶絃)[11]에서 나온 이야기이다. 거문고를 향해서 거문고 줄이 끊어졌다고 걱정하지 말라는 것은 진리의 전승(傳承)이 끊어질 것을 걱정하지 않아도 된다는 암시이다. 이로 보아 52세 때 퇴계는 도의 자각을 통하여 정신이 자유롭게 되는 경지를 맛보기 시작하여 자신감을 얻었으리라 생각된다. 그리하여 53세 때부터 후세를 위하여 진리를 전하는 사업을 시작한다.

퇴계는 53세 때 정지운(鄭之雲, 1509~1561)의「천명도(天命圖)」를 수정하여 완성하면서 세상에 알려지고 학문적 토론도 많이 하기 시작한다. 성리학에 대해 언급하기 시작한 것도 이때부터이다. 그전에는 철학적인 논저 없이 주로 시를 써서 주위 사람들은 퇴계를 시만 쓰는 사람이지 철학 하는 사람이 아니라고 여겼다. 그래서 후세 사람들은 퇴계를 대기만성의 학자라고 일컫기도 한다.

「천명도설후서(天命圖說後敍)」에서 퇴계는 이렇게 말하고 있다. "학자가 이 도를 통하여 천명이 자신에게 갖추어져 있음을 진실되게 알고, 덕성을 높이고 신순(信順)을 이루게 된다면, 양귀(良貴)를 잃지 아니하고 인극(人極)이 자신에게 있게 되어 천지와 나란히 셋이 되어 천지가 하는 조화 발육의 공을 다 이룰 수 있을 것입니다. 훌륭하지 않습니까!"「천명도」는 퇴계가 도에 대한 자득의 경지를 총체적으로 드러낸 것이라 볼 수 있다. 이후 퇴계의 삶과 학문은 인간이 하늘에서 부여받은 천명을 축으로 삼아 전개된다.

60세(1560) 때는 도산서당(陶山書堂)을 짓고『도산잡영(陶山雜詠)』이라는 단행본을 낼 정도로 많은 작품을 남긴다. 다음은 그 속에 실린 「시습재(時習齋)」라는 시이다.

날마다 명(明)과 성(誠)을 닦으니 새가 날기를 익히는 것과 같구나.

거듭 생각하고 다시 실천하니 때때로 그곳에 도달하네.

깊은 맛을 얻는 것은 공부를 익숙하게 함에 달렸으니

어찌 진귀한 음식이 입을 즐겁게 하는 정도일 뿐이겠는가.[12]

「시습재」라는 제목은 "배우고 때로 익히면 또한 즐겁지 아니한가!"라는『논어』「학이」편에서 따온 것이다. 시는 인간에게 있는 가장 고귀한 것은 밝음(明)과 진실성(誠)의 내면적 진리의 세계이며, 이를 거듭 생각하고 반복해서 실천하다 보면 그러한 진리의 세계에 때때로 도달하게 된다고 고백하고 있다. 그 깊은 의미를 얻는 것은 바로 공부를 익숙하게 하는 데 달려 있으니 진리의 즐거움은 진귀한 음식의 맛보다 훨씬 낫다고 말한다.

68세에는 선조 임금의 간곡한 부름을 사양할 수 없어 한양으로 올라간다. 그리고 그해 8월에 「무진육조소(戊辰六條疏)」라는 상소문을 올려 제3조에서 "성학을 돈독하게 해서 정치의 근본을 세우십시오."[13]라고 건의했다. 퇴계는 여기서 '성학(聖學)'이라는 단어를 처음으로 사용했으며,『성학십도』의 성학은 바로 여기서 시작되었다. 이후 11월까지 경연을 하다가 한 달 동안 병으로 경연을 못할 때 지어 그해 12월에 올린 것이『성학십도』이다. 즉『성학십도』는 퇴계가 살아생전의 마지막 정성을 모아 임금에게 바친 작품이라고 할 수 있다.

퇴계는 70세에 생을 마감한다. 죽기 며칠 전 그는 빌려 온 서책을 모두 반납하게 하고 유서를 받아쓰게 했다. 국가에서 베푸는 예장(禮葬)을 사양할 것, 비석을 세우지 말고 조그마한 돌에다가 "퇴도만은진성이공지묘(退陶晚隱眞城李公之墓)", 즉 "늘그막에 (도산에 물러나) 은거한 진성 이공의 묘"라고 적으라고 유언했다. 그리고 제자들이 묘지명(墓誌銘)을 장황하게 쓸 것이 염려되어 스스로 묘지명을 남겼다. 이

묘지명은 지금도 비석으로 남아 있다.

태어나서는 크게 어리석었고 장성하여서는 병이 많았네.

중년에는 어찌 학문을 즐기게 됐고 말년에는 어찌 벼슬에 올랐던고.

학문은 구할수록 아득하고 벼슬은 사양할수록 몸에 얽히네.

나아가면 잘못되고 넘어지니, 물러나 바름을 간직하려네.

나라의 은혜에 심히 부끄러우나, 성현의 말씀이 참으로 두렵네.

성현의 말씀은 산처럼 높이 솟아 있고 물처럼 끊임없이 이어진다.

벼슬을 그만두고 춤추듯이 평복으로 갈아입어 뭇사람의 비방을 벗었네.

내가 품은 생각을 저렇게 막으니 내가 지닌 패옥 누가 즐길 것인가.

옛사람이 나의 마음을 이미 얻은 것을 생각하니,

후세 사람이 나의 마음을 몰라주리라 어찌 생각하리오.

근심 가운데 즐거움이 있고 즐거움 가운데 근심 있네.

자연의 조화를 타고 다하여 돌아가니 더 이상 구할 것이 무엇이 있으랴.[14]

읽을 때마다 마음에 깊은 감동을 일으키는 글이다. 진리는 과거로부터 현재를 거쳐 미래로 이어지게 마련이라고 말하며 즐거움과 근심을 함께 드러내고 있다.

퇴계의 글은 그의 학문하는 정신을 알지 못하면 읽어도 이해할 수 없다. 퇴계의 학문은 도를 참되게 인식하고 실천함으로써 자기완성을 실현하는 것이었다.

군자의 학문은 자아 완성을 위할 따름이다. '자아 완성'이란 장경부(張敬

夫, 장식(張栻, 1133~1180)을 가리킴)가 말한 '인위적인 노력 없이 저절로 그렇게 되는 것'을 의미한다. 이것은 마치 깊은 산 무성한 숲 속에 한 떨기 난초가 꽃을 피워 종일 그윽한 향기를 풍기지만, 난초 스스로는 향기를 내는 줄 모르는 것과 같다. 이것이 바로 군자가 자아 완성을 위해 공부하는 뜻과 꼭 들어맞는다.[15]

3 성학으로서의 유학

성(聖) 자는 고대 문헌에서 이미 등장하지만, "남풍이 남쪽에서 불어와 대추나무 줄기를 어루만지네. 어머니는 지혜롭고(聖) 선하신데 우리는 훌륭한 사람이 없구나.",[16] "저 노인 불러서 물어 꿈을 풀어 보니 모두가 나를 지혜롭다(聖) 하나 누가 까마귀 암수를 구별할 줄 알 것인가."[17]라는『시경』구절에서 보듯이 '지혜롭다'는 의미의 일상적인 단어였다.『서경』에서 오사(五事)를 설명하며 "생각하면 슬기로워지고 슬기로워지면 성인(聖)이 된다."[18]라고 한 데서부터 도 즉 진리에 통한 사람이라는 의미로 쓰이기 시작한다.

공자는『논어』에서 성인은 '쉽게 볼 수 없는 이상적 인간'이라고 생각하여 군자(君子)라는 개념을 주로 사용하고 있다.

성인은 내가 만날 수 없으니 군자라도 보게 되면 좋겠다.[19]

성인과 인자는 내가 어찌 감당할 수 있겠는가? 도리어 행하기를 싫증 내

지 아니하고 사람을 가르치기를 권태롭게 여기지 않는 것은 그렇다고 말
할 수 있을 뿐이다.[20]

군자는 세 가지 두려워하는 것이 있다. 천명을 두려워하며 대인을 두려워
하며 성인의 말씀을 두려워한다.[21]

'성인'이라는 개념을 본격적으로 사용하기 시작한 책은 (공자가
지었다는『역』의 십익과) 공자의 손자인 자사가 지었다는『중용』이다.
『중용』20장에는 성인에 대해 다음과 같이 설명한다.

진실한 것은 하늘의 도이고 진실하기 위하여 노력하는 것은 사람의 도이
다. 진실한 사람은 힘쓰지 않고도 중도를 얻고 생각하지 않고도 도를 얻는
다. 자연스럽게 도를 행하니 성인이다. 진실하기 위하여 노력하는 사람은
선을 선택하여 굳게 잡는 사람이다.[22]

『중용』에서는 진실무망(眞實無妄)한 '성(誠)'을 통하여 성인의 덕
을 설명한다. 성(誠)은『중용』에서 가장 중요한 용어이다. 저자는 성
(誠)이 자연의 도이며 동시에 성인의 도라고 말함으로써 성인의 도
는 자연의 도와 일치함을 말하고 있다. 그리고 "진실한 사람은 힘쓰
지 않고도 중도를 얻고 생각하지 않고도 도를 얻는다. 자연스럽게 도
를 행하니 성인이다."라고 하여 저절로 중도를 행하고 저절로 진리를
실천하는 세계가 자연의 세계이며 성인은 학문을 통하여 그와 같은
자연의 경계에 도달할 사람이라고 한다. '스스로 진리를 실현하는 진

도를 알고 실천함에 의한 성인됨의 학문을 체계화하다

실한 자연', 이것이 자연의 성(誠)으로 유학의 대전제이며 어쩌면 동아시아 철학의 대전제이다. 인간의 학문과 삶은 이렇게 스스로 완전한 진리인 자연을 목표와 목적으로 삼고 삶의 완성을 향하여 노력한다. 그러나 『중용』에서는 "선에 밝지 않으면 몸을 성실하게 할 수 없다."라고 하고, 『대학』은 격물치지에 의한 지선(至善)의 인식을 성의(誠意)의 앞에 두고 있다. 성인에 이르기 위해서는 선의 인식과 실천이 필연적으로 요청됨을 알 수 있다. 선은 곧 인간의 삶의 도이며, 이는 자연의 완전성에 뿌리를 두고 있다.

『중용』은 지성(至聖)과 지성(至誠)을 인간의 최고 경지로 설명하고 있다. 『중용』 다음으로 성인에 대한 자세한 설명은 『맹자』에 나온다. 맹자는 성인이 "인류의 표준"[23]이라고 말하면서도 특별한 사람이 아니라 "우리와 같은 종류"[24]라고 말한다. "인간이면 누구나 마음으로 좋아하는 것이 있다. 바로 이(理)와 의(義)이다. 성인은 우리의 마음이 동일하게 좋아하는 것을 먼저 얻었을 뿐이다. 그러므로 이의(理義)가 우리의 마음을 즐겁게 하는 것은 소고기 돼지고기가 우리의 입을 즐겁게 하는 것과 같다."[25]라고 하여 마음이 좋아하는 것을 따르고 실천하면 성인이 된다고 말하고 있다. 마음이 좋아하는 이와 의는 바로 인간의 본성과 본성의 실현을 의미한다. 그래서 "요와 순은 본성 그대로 도를 실현한 사람이고 탕과 무는 성찰을 통하여 도를 체득한 사람이다."[26] 그리고 사람이 수양을 통하여 인격이 완성되는 품격을 6단계로 나누어 설명하고 있다.

도가 바람직한 것임을 아는 자를 선인(善人)이라 한다. 도를 자신에게 지닌

자를 신인(信人)이라 한다. 도를 충실하게 갖춘 자를 미인(美人)이라 한다. 도가 내면에서 충실하게 되어 겉으로 광휘(光輝)가 드러나는 사람을 대인 (大人)이라 한다. 대인으로서 질적 변화를 이룬 사람을 성인(聖人)이라 한다. 성인으로서 그 경지를 헤아릴 수 없는 사람은 신인(神人)이라 한다.[27]

다시 말하면 성인이란 도가 내면에서 쌓이고 충실해져서 외면으로 광휘가 드러나는 대인의 단계를 넘어 인격의 질적 변화를 이룬 사람이다. 한마디로 도가 내면에 축적되어 도와 하나가 된 사람이다.

결국 성인의 문제는 도를 얼마나 잘 아는가, 도를 얼마나 잘 실천하는가라는 문제로 결정된다. 유학과 과학이 추구하는 세계가 얼마나 다른지 알 수 있다. 과학을 통해서는 현상적 자연을 대상적으로 잘 아는 과학자가 되지만 유학을 통해서는 사람의 인격이 변하고 인격의 변화를 통해서 마음이 자연의 근원인 진리에 도달한 성인이 된다는 것을 알 수 있다.

성인됨의 학문으로서의 유학은 맹자 이후 1000년 이상 단절되었다가 송대 성리학자들에 의하여 다시 살아난다. 염계(濂溪) 주돈이(周敦頤, 1017~1073)가 성학의 문을 다시 열었다. 주돈이는 「태극도(太極圖)」를 그리고 이를 설명하는 『태극도설(太極圖說)』을 지어 『주역』의 자연관과 인간관을 도와 도설로 압축했다. 그리고 『통서(通書)』를 지어 "성인은 하늘을 희망하며, 현인은 성인을 희망하며, 학자는 현인을 희망한다."[28]라는 말로 성학으로서의 유학의 성격을 압축하고 있다. 주돈이에게 태극은 바로 진리이며 하늘이고, 우주 자연의 뿌리가 되는 근원적 이법이다. 우주 자연의 모든 현상은 태극 안에서 생성과

도를 알고 실천함에 의한 성인됨의 학문을 체계화하다

소멸의 변화를 이룬다. 태극은 영원불멸의 절대적 진리이다. 모든 생명은 태극으로부터 본성을 타고나니 본성에 따르는 삶은 온전한 삶이다. 성인은 바로 본성에 따르는 온전한 삶을 실현함으로써 하늘과 하나가 되는 삶을 지향한다.

주돈이는 유학이 궁극적으로 성인을 지향하며, 사람은 배워서 성인이 될 수 있다는 것을 확실하게 밝혔다.

어떤 사람이 물었다. "성인은 배워서 될 수 있습니까?"
주돈이가 답했다. "배워서 될 수 있다."
"핵심적인 방법이 있습니까?"
"있다."
"그 방법을 가르쳐 주십시오."
"마음을 하나로 통일하는 것이 그 핵심적인 방법이다. 하나로 통일한다는 것은 사사로운 욕심이 없는 것이다. 욕심이 없으면 고요할 때는 마음이 텅 비고, 움직일 때는 곧다. 고요할 때 텅 비면 밝아지고, 밝아지면 진리에 통한다. 움직일 때 곧으면 공정하고, 공정하면 사물에 두루 미친다. 밝아져서 진리에 통하고, 공정하여 사물에 두루 미치면 거의 성인에 가깝게 될 것이다."[29]

주돈이가 성인됨의 학문의 길을 열어 성리학이 시작되니, 성리학은 정호(程顥, 1032~1085), 정이(程頤, 1033~1107) 형제와 장재(張載, 호는 횡거(橫渠), 1020~1077)에 의하여 틀을 갖추고 주희에 의하여 완성되어 이후 동아시아 1000년의 정신사를 지배하게 되었다.

4 『성학십도』란 어떤 책인가

퇴계가 지향한 학문은 인간 완성의 학문인 위기지학(爲己之學)이다. 공자는 "옛날의 학자는 자기 자신을 위하는데 오늘날의 학자는 남을 위한다."[30]라고 하였다. 남을 위하면 좋을 것 같지만 공자는 이를 비판하고 자기 자신을 위한 학문을 중시했다. 여기서 '남을 위한다'는 것을 남을 의식하고 남에게 잘 보이기 위하여 학문을 하는 것이라고 해석하는 학자가 많다. 어쨌든 자기완성과는 거리가 있다. 인간은 학문을 통하여 무한히 변화할 수 있는 존재이며 자기완성을 이룬 인간은 가정과 사회와 인간 세계를 넘어 동식물의 생명 세계와 화해를 이루고 천지자연의 조화를 도울 수 있는 능력을 갖춘 것으로 묘사되고 있다. 자기완성을 이룬 인간은 그러한 삶이 마땅해서, 그러한 삶이 좋아서 사는 것이지 다른 조건이 있을 수 없다. 그러나 그 결과 자신을 완성하고 사회를 평화롭게 하고 자연과의 조화를 이루는 삶을 살 수 있다고 한다.

『성학십도』는 열 개의 도(圖)로 구성되어 있다. 제1도는「태극도(太極圖)」, 제2도는「서명도(西銘圖)」, 제3도는「소학도(小學圖),」제4도는「대학도(大學圖)」, 제5도는「백록동규도(白鹿洞規圖)」, 제6도는「심통성정도(心統性情圖)」, 제7도는「인설도(仁說圖)」, 제8도는「심학도(心學圖)」, 제9도는「경재잠도(敬齋箴圖)」, 제10도는「숙흥야매잠도(夙興夜寐箴圖)」다. 각각의 도에는 그 바탕이 되는 설(說)과 선인들의 말을 인용한 해설, 퇴계의 설명이 함께 있다.

「태극도」와『태극도설』은 우주 만물의 근원을 태극으로부터 설명하고 있다. 태극은 모든 것의 뿌리이면서 모든 현상을 포괄하는, 내외가 없는 절대적인 이법이라고 말할 수 있다. 「태극도」와 『태극도설』은 편의상 태극으로부터 음양과 오행을 거쳐 만물이 생성되기까지를 다섯 단계로 설명하고 있다. 이 다섯 단계를 나누지 않고 태극 안에서 입체적으로 이해하는 것이 중요하다. 자연은 자기 완결적인 것이며 외부의 타자를 필요로 하지 않는다. 형이상의 진리와 형이하의 현상 세계가 층을 달리하며 공존한다. 태극의 변화 가운데서 음양의 조화로 생성되는 모든 생명은 하늘로부터 본성을 부여받는다. 특히 인간은 자연의 모든 기운을 조화롭게 부여받은 소태극 내지는 소우주로 설명되며, 천명을 부여받아 태어난 인간에게는 천명의 수행을 위한 자기완성의 수양이 요구된다. 수양을 통하여 자기완성을 이룬 성인은 우주 자연과 합일을 이룬 존재가 된다고 한다. 서구의 이원론적인 자연관이나 이원론적인 인식론과는 자연과 인간을 이해하는 방법이 다르고 이에 따라 학문관이 다를 수밖에 없음을 알 수 있다. 과학적 자연 인식이 주체가 사물을 '바깥에서 안으로' 이해하는 방법이라면 「태극도」는 안에서 바깥으로 전개되는 자연을 보여 주며 여기에 기초한 문화와 학문도 '안에서 바깥으로' 전개되는 방향을 중시할 것으로 예상할 수 있다. 「태극도」에는 13개의 원이 있다. 성학에서는 진리를 원으로 그리기를 좋아한다. 마음을 그릴 때도 마찬가지이다. 진리를 수학적 공식으로 표현하기를 좋아하는 과학과는 다름을 알 수 있다.

「서명도」의 「서명(西銘)」은 장재가 지은 것이다. 이는 모든 인간과 모든 생명이 하늘과 땅을 공통의 부모로 삼는 동포이며 친구라

「제1태극도」

는 것을 밝히고 동포애와 우정으로써 모든 것을 사랑해야 한다고 하여 만물 일체의 인(仁)을 설명하고 있다. 퇴계는 1568년 선조에게 올린 「무진육조소」에서 "성학을 돈독하게 해서 정치의 근본을 세워야 한다."(제3조), "도술을 밝혀 인심을 바로잡아야 한다."(제4조)라고 하여 성학을 정치의 근본으로 삼기를 주장하고 있다. 이후 수차례의 경연 강의를 행하게 되는데 마지막 경연에서 행한 강의가 「서명고증강의(西銘考證講義)」로서 문집에 실려 있다. 퇴계는 「서명도」에 나오는 한 개의 '여(予)' 자와 아홉 개의 '오(吾)' 자에 주목하여 인을 실천하는 주체는 '나'일 수밖에 없다는 것을 강조한다. 인간에게는 '완고한

도를 알고 실천함에 의한 성인됨의 학문을 체계화하다

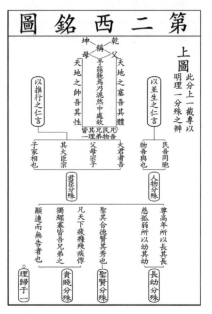

第二西銘圖

上圖　此分上一截專以明理一分殊之辨

乾稱父　坤稱母

予茲藐焉乃混然中處故

天地之塞吾其體
天地之帥吾其性

以並生之仁言
以推行之仁言

民吾同胞
物吾與也

凡民物吾兄弟民物皆理一也

大君者吾父母宗子
其大臣宗子家相也

人物分殊
君臣分殊

尊高年所以長其長
慈孤弱所以幼其幼

聖其合德賢其秀也

凡天下疲癃殘疾惸獨鰥寡皆吾兄弟之顛連而無告者也

長幼分殊
聖賢分殊
貴賤分殊

理歸于一

「제2서명도(상)」

第二西銘圖

下圖　此分下一截論盡事親之誠因以明事天之道

于時保之子之翼也
樂且不憂純乎孝者也

違曰悖德害仁曰賊
濟惡者不才其踐形惟肖者也

知化則善述其事
窮神則善繼其志

不愧屋漏為無忝
存心養性為匪懈

惡旨酒崇伯子之顧養
育英材穎封人之錫類

不弛勞而底豫舜其功也
無所逃而待烹申生其恭也

體其受而歸全者參乎
勇於從而順令者伯奇也

富貴福澤將厚吾之生也
貧賤憂戚庸玉女于成也

存吾順事
沒吾寧也

盡道不盡道之分
聖合德故盡道
賢其秀求盡道
聖賢各盡道

盡道於此為至

「제2서명도(하)」

사적인 나'와 '광대하고 고명한 공적인 나'가 있는데, 장재가 '완고한 사적인 나를 혁파하고 광대하고 고명한 공적인 나를 확대'하는 것을 목표로 삼았기 때문에 '완고함을 바로잡는다'는 의미에서 그 이름을 「정완(訂頑)」으로 정했다고 말한다. 성인은 천지와 덕성이 하나가 되어 천지의 사업을 계승한 사람으로 설명된다. 그리고 이러한 우주 일가족적인 자연 속에서 모든 인간은 공통된 부모인 하늘과 땅에 효도하고 같은 부모에게서 태어난 인류와 생명을 동포애와 우정으로 사랑하는 것이 인이라는 것을 강조하고 있다.

「소학도」는 주희가 지은 『소학』의 목차를 퇴계 스스로 그림으로 그린 것이며, 『소학』의 서문인 「소학제사(小學題辭)」를 취하고 있다. 「대학도」는 양촌(陽村) 권근(權近, 1352~1409)이 그린 그림에 퇴계가 약간의 수정을 가한 것으로 『대학』의 앞부분에 실린 206자의 '경문(經文)'이 그 내용이다. 퇴계는 『소학』과 『대학』은 둘이면서 하나이고 하나이면서 둘이라고 하여 서로 연결된 하나의 학문으로 이해하고 있다. 주희가 『대학혹문(大學或問)』에서 경(敬)이 학문의 시작과 끝이 된다고 말한 부분을 「소학도」와 「대학도」에 걸쳐 인용함으로써 '경이 성학의 시작과 끝이 된다'는 것을 퇴계가 적극적으로 수용하고 있다. 『대학』은 유학의 대강인 수기와 치인을 팔조목으로 설명하고 있다. 격물치지라는 선의 인식을 시작으로 삼고, 성의, 정심, 수신으로 선을 행하는 것을 개인적 인격 완성으로 삼고, 나아가 이를 가정과 국가와 천하에 펼치는 것을 목표로 삼고 있다.

「백록동규도」는 주희가 여산(廬山) 남쪽의 백록동서원에 머물며 지은 학규(學規)를 그림으로 그린 것이며 글은 주희가 지은 학규의 후

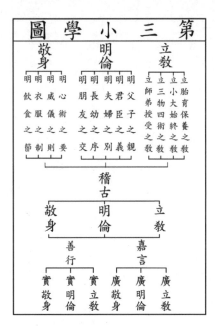

「제3소학도」

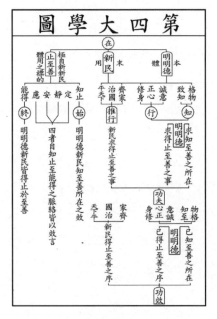

「제4대학도」

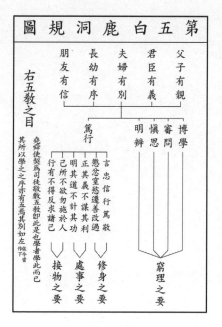

「제5백록동규도」

서(後敍)를 취했다. 유학의 기본 윤리인 오륜이라는 보편적 인간관계를 기초로 인간의 자기완성을 설명하는 그림이다. "박학(博學), 심문(審問), 신사(愼思), 명변(明辨), 독행(篤行)"이라는 유학의 자기완성의 학문이 오륜이라는 인간관계에서 실현되는 도리를 기반으로 삼아 이루어짐을 보여 준다.(성학은 일상적인 삶에서 윤리를 통하여 지선을 실천하는 것을 중시하고 있음을 알 수 있다.)

「심통성정도」, 「인설도」, 「심학도」는 자기완성의 문제를 마음의 문제로 설명한다. 「심통성정도」는 인간의 마음을 성(性)과 정(情)의 양면으로 설명하고 있다. 퇴계는 임은(林隱) 정복심(程復心, 1257~1340)의

도를 알고 실천함에 의한 성인됨의 학문을 체계화하다

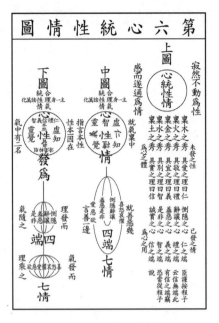

「제6심통성정도」

「심통성정도」와 「심통성정도설」을 취하면서 두 개의 그림을 추가하여 자신의 사단칠정설을 그림에 포함했다. 여기서 퇴계는 외부에 구할 필요 없이 마음의 수양과 완성만으로도 성인이 될 수 있다고 설명한다.

「인설」과 「인설도」는 주희의 글과 그림을 취하고 있는데, 외적 사물에 대한 지식과 상관없이 사심이 없는 인간의 마음은 바로 인(仁)이며 인은 그 안에 의와 예와 지를 포함하기 때문에 인의 본체와 작용인 성정을 온전하게 실현하면 바로 인간 완성의 경지인 성인에 도달할 수 있음을 보여 준다. 그리고 공적인 삶이 바로 인을 체득하는 방법이라고 말하고 있다.

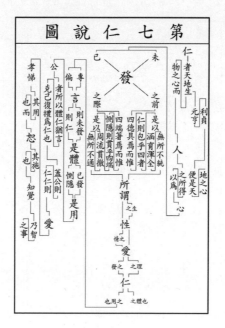

「제7인설도」

　「심학도」는 정복심의 그림과 도설을 취한 것이다. 율곡은 퇴계에게 「심학도」는 『성학십도』에 싣지 않는 것이 좋겠다는 의견을 편지로 보내고 「심학도설」의 내용에 대해서도 타당하지 않은 부분이 많다고 했는데,[31] 퇴계는 매우 자세하게 설명하여 이 그림과 도설의 중요성을 해명한다. 이 그림은 마음을 사적인 형기(刑氣)에서 발하는 인심(人心)과 성명(性命)에서 발하는 도심(道心)으로 나누고 존천리(存天理)와 알인욕(遏人欲)을 통하여 마음의 수양을 설명한다. 알인욕의 방법으로 수양하면 "마음이 동요하지 않는" 맹자가 마흔 살에 도달했다고 한 "부동심(不動心)"에 도달하고, "천리를 보존하여 기르는" 존천리의 방

　도를 알고 실천함에 의한 성인됨의 학문을 체계화하다

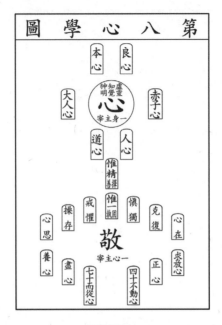

「제8심학도」

법으로 수양하면 공자가 일흔 살에 도달했다는 "종심소욕불유구(從心所欲不踰矩)"에 도달한다는 것이다. 그리고 공부의 요체는 경(敬)을 벗어나지 않는다고 한다. 정복심의 심학과 정민정(程敏政, 1445~1499)의 『심경부주(心經附註)』를 중시하는 퇴계에게서 성학은 인욕을 극복하여 마음의 천리를 온전하게 실천하는 것임을 알 수 있다.

「경재잠」은 주희가 짓고 「경재잠도」는 왕백(王柏, 호는 노재(魯齋), 1197~1274)이 만들었다. 「경재잠도」에서는 경(敬)이 상황에 따른 사람의 삶의 박자에 순응해서 이루어져야 한다고 한다. 동과 정의 삶에서 경을 어기지 아니하며, 안과 바깥을 번갈아 가며 바로잡는 삶을 살

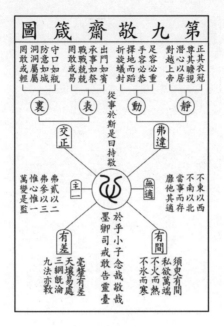

「제9경재잠도」

아야 한다고 한다. 동과 정에 일관되는 공부를 하고, 내외를 바로잡
아, 마음이 항상 주인이 되는 주일무적(主一無適)의 삶을 실천하는 것
을 경으로 종합하고 있다.

「숙흥야매잠」은 진백(陳柏, 호는 남당(南塘), 생몰년은 미상으로 송대
주희 이후의 사람이다.)이 짓고 왕백이 그림을 그렸다. 이 그림은 이른
새벽부터 밤늦게까지 공부하는 방법을 설명하고 있다. 공부의 축은 마
음이 학문과 삶의 중심이 되도록 유지하는 경(敬)이다. 퇴계는 공간적
상황과 시간적 상황을 아울러 공부하는 것을 중시하여 「숙흥야매잠
도」의 끝에서 이 두 그림을 합하여 설명하고 있다. 인간의 삶은 공간

도를 알고 실천함에 의한 성인됨의 학문을 체계화하다

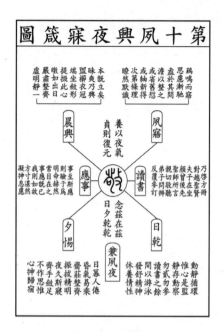

「제10숙흥야매잠도」

적 상황과 시간적 상황에서 전개되므로 이 두 상황에서 경을 유지하며 도리를 온전하게 알고 실천하는 것이 성학의 요체가 된다고 한다.

5 퇴계의 성학

『성학십도』의 구조

『성학십도』는 선현들의 작품 가운데서 "성학의 큰 단서"와 "심법의 지극한 요체"가 되는 것을 선별하여 뽑은 것이다. 퇴계가 창작한 작품은 없고, 다만 「소학도」와 「백록동규도」와 「숙흥야매잠도」의 그림을 그리고 「심통성정도」에 그림 두 개를 추가했을 뿐이다. 퇴계가 한 일은 이들을 배치하고, 선현들의 설로 해설하고, 최종적으로 스스로 독창적으로 해설한 데 있다. 대부분의 도(圖)는 그 자체가 완결된 이론 체계로서 각각의 도는 이론적 측면과 실천적 측면을 모두 내포하고 있다.

퇴계는 십도를 두 가지 측면에서 설명한다. 첫째는 이론적 측면으로 제1도에서 제5도까지와 제6도에서 제10도까지를 나누어 각각 아래와 같이 설명하고 있다.

이상 다섯 그림은 천도에 근본하고 있지만 목적은 인륜을 밝혀 덕업에 힘쓰게 하는 데 있습니다.[32]

이상 다섯 그림은 심성(心性)에 근원하고 있지만 요점은 일상생활에서 힘을 써서 경외(敬畏)하는 마음을 높이는 것입니다.[33]

둘째는 실천 학문의 측면으로 제3도와 제4도를 축으로 삼아 앞의 제1~2도와 뒤의 제5~10도로 나누어 설명하고 있다.

대개 위 두 그림은 단서를 찾아 확충하고 하늘의 도를 체득하여 도를 다하는 극치의 곳으로서 『소학』과 『대학』의 표준과 본원이 되고, 아래 여섯 그림은 명선(明善)·성신(誠身)·숭덕(崇德)·광업(廣業)을 힘쓰는 곳으로서 『소학』과 『대학』의 전지(田地)와 사공(事功)이 되는 것입니다.[34]

도를 알고 실천함에 의한 성인됨의 학문을 체계화하다

이론적 구조의 측면과 학문적 구조의 측면을 동시에 염두에 두고 십도의 순서를 편집한 것을 알 수 있다. 퇴계는 하늘과 인간의 삶과의 관계, 인간의 마음과 인간의 삶과의 관계를 고려하여 제1도에서 제5도의 구조와 제6도에서 제10도의 구조라는 두 층으로 만들었다. 그리고 『소학』과 『대학』을 학문의 축으로 삼고 그 앞에는 존재론적 근거가 되는 두 도를 배치하고, 뒤에는 『소학』, 『대학』의 공부를 직접 할 수 있는 현장으로서 여섯 도를 배치했다.

모든 것을 대상화하여 인식하는 과학과 자기완성의 학문인 성학이 얼마나 다른 학문인가를 쉽게 파악할 수 있다. 과학에서는 대상화되지 않는 주체와 하늘은 학문의 영역 밖으로 밀려난다. 성학에서는 하늘과 마음을 중심으로 학문이 전개된다. 퇴계가 53세 때 발표한 「천명도」는 하늘과 만물의 관계를 설명하고 있다. 그리고 성학이라는 학문은 그 관계 속에서 시작된다. 퇴계는 『성학십도』와 「천명도」를 통해서 천도와 인간의 삶이 하나로 연결되어 있음을 밝히고 있다. 그리고 천도와 인간을 연결하는 곳이 바로 사람의 마음이기 때문에 마음을 중심으로 삼아 학문을 전개하고 있다.

천도와 심성은 자연과학이 가장 기피하는 용어이다. 그런 면에서 『성학십도』는 자연과학의 문제의식과 가장 대척되는 지점에 있다. 그리고 근세 100년 동안 과학적·유물적 사고가 세계를 지배하게 되면서 인류는 자신의 주인인 마음과 우주의 주인인 하늘을 잃었다. 성학이 보편적인 학문이 될 수 있다면, 잃어버렸던 마음과 하늘을 되찾을 수 있는 가능성이 있을 것이다.

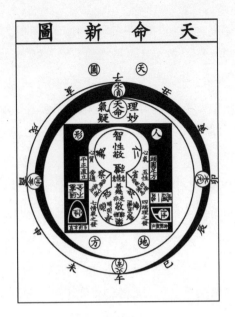

「천명신도」

퇴계 성학의 방법

어떻게 하면 성인이 될 수 있을까? 성학이 어렵기만 하다면 그렇게 권할 수 없을 것이다. 성인은 초인이 아니다. 맹자는 자기 본성대로 사는 사람을 성인이라고 하고, 『중용』에서는 '진실무망'의 삶을 사는 사람을 성인이라고 한다. 진실한 삶이 정상적인 삶이라고 한다면 성인이 정상적인 사람이고 성인이 못된 사람은 비정상적인 사람으로 보이기까지 한다. 주희가 『대학』의 '명명덕(明明德)'을 주해하며 "처음 상태의 회복(復其初)"이라고 끝맺은 데는 다분히 이러한 측면이 강조되고 있다. 진리는 자연의 것이고 인간은 학문과 삶을 통하여 이를 알고 깨달아 실천하는 것이라는 의미이다.

도를 알고 실천함에 의한 성인됨의 학문을 체계화하다

『성학십도』의 서문인 「진성학십도차(進聖學十圖箚)」에는 "성인의 학문에는 큰 단서가 있고 성인이 되기 위한 마음의 방법에는 지극한 요체가 있다."[35]라는 구절이 나온다. 유학에는 경전도 많고 경전에 대한 주석도 엄청나게 많다. 이러한 모든 책을 다 볼 수는 없다. 퇴계는 그림 열 개를 제시해 이것만 열심히 공부하고 실천하면 성인이 될 수 있다고 한다.

퇴계는 성학이 복잡한 학문이 아니라고 한다. 그래서 그는 성학의 요점을 말하기를 좋아한다. 학봉(鶴峯) 김성일(金誠一, 1538~1593)에게 준 병명(屛銘)[36]에서는 요(堯)는 '欽(흠, 공경)', 순(舜)은 '一(일, 한결같음)', 우(禹)는 '祗(지, 공손함)', 탕(湯)은 '慄(율, 두려워함)' 한 글자를 평생 동안 실천함으로써 성인이 되었다고 하며 이후 문왕과 무왕을 거쳐 주희에 이르기까지 성현 도통의 학문을 80자로 압축하고 있다. 현상을 설명하고 이해하는 과학은 매우 복잡하지만 인간의 삶의 원리는 복잡하지 않다는 것이다. 퇴계는 『성학십도』에서 성인됨의 학문을 실천 학문적 방법인 성학과 자신의 마음에서 직접 바로 공부하는 심학 두 가지로 나누고 있다.

실천 학문적 방법(聖學)

실천 학문적 측면에서 보면 제3도와 제4도가 십도의 중심축이 된다. 제3도인 「소학도」의 공부는 어릴 때의 학습으로 아직 학문이라는 이름을 붙이기는 힘들다. 실천 학문적 방법은 『대학』의 삼강령과 팔조목 가운데서도 팔조목을 중심으로 하며, 팔조목 가운데서도 수기 이하의 격물치지와 성의, 정심, 수신이 주가 된다. 격물치지는 지선의 인식 공부이며 성의, 정심, 수신은 지선의 실천 공부이다. 제1도와 제2도에서 공부의 근원과 목표를 얻고 제5도에서 제10도까지를 통하여 지선에 대한 인식 공부와 실천 공부를 병행해 나가야 한다는 것이다. 『중용』에서 격물치지 공부는 명선(明善)으로 설명하고, 성의, 정심, 수신은 성신(誠身)으로 설명하고 있다. 이렇게 하여 자득하게 된 지선을 가정과 국가와 천하로 확대하여 나가면 덕성이 더욱 풍성해지고 천하는 화평해진다고 한다. 이것이 앞에서 퇴계가 말한 숭덕과 광업이다. 성학에서는 가정과 국가와 천하를 다스리는 것도 자신이 성학을 통하여 내면에 얻은 덕성을 사회적으로 확대하여 실천하는 것으로 이해한다. 그러므로 선이 무엇인지 알고 실천하며 자신의 인격을 형성하고 덕성을 닦아 넓히는 것은 삶의 시종을 일관하는 학문이 된다. 「진성학십도차」에서는 인식 공부를 사(思)라 하고 실천 공부를 학(學)이라 하여 상호 의존 관계에 있는 사와 학이 병진되어야만 학문의 완성을 기약할 수 있다고 말한다.

공자께서 말씀하셨다. "배우기만 하고 생각하지 않으면 얻는 것이 없다. 또 생각을 하고 배우지 않으면 위태롭게 된다." 배움이라고 하는 것은 경전에 나온 것을 익히면서 그것을 진실되게 실천하는 것을 말한다. 성인의 학문은 마음에 구하지 않으면 어두워서 얻는 것이 없다. 그러니 반드시 생각을 해서 그 은미(隱微)한 이치에 통달해야 한다. 그 일을 익히지 않으면 위태롭고 편안하지 못하게 된다. 반드시 배워서 그것을 실천해야 한다. 생각과 배움, 이 두 가지는 서로서로 꽃피워 주면서 서로서로 도움이 되는 것이다.[37]

도를 알고 실천함에 의한 성인됨의 학문을 체계화하다

생각과 실천, 생각과 배움. 이 두 가지를 성학의 기본 박자로 제시하고 있다. 즉 자기보다 앞선 시대 사람들, 많은 현자들의 삶을 보고 끊임없이 배우고 물으며, 생각하고 실천하면 누구나 성인의 경지에 도달할 수 있다고 보는 것이 성학이다. 『대학』의 격물치지와 성의, 정심, 수신이 지행(知行) 병진의 학문이며, 『중용』에서 말하는 "박학, 심문, 신사, 명변, 독행" 다섯 가지 역시 퇴계가 말하는 지행 병진의 실천 학문이다. 마음을 주체로 삼지 않고서는 지행 병진의 학문이 성립될 수 없다. 그리고 실천의 원리가 되는 선과 도는 결코 마음 바깥에 있는 것이 아니다. 마음에 있는 원리가 사람과 사물을 만나고 사태와 만나서 실현되는 것이다.

동물과 식물 등에게도 본성이 내재하기는 하지만 이들은 본성을 자각할 능력이 없기 때문에 진리와 하나가 된 삶을 살고자 하는 진리 추구의 학문, 즉 성학이 성립되지 않는다. 성학의 출발점은 격물치지이다. 주희 이후 격물치지의 개념에 대해 많은 혼란이 있으며 오늘날 그 혼란은 더욱 심하다. 그러나 사서와 삼경에서 설명하는 선을 밝히는 공부에 대한 설을 종합하면 이해가 불가능한 것은 아니다. 문제는 지선의 인식 문제가 대상적 사물의 인식과는 구별된다는 점에 있다. 지선은 다른 사람과 사귀고 사태를 처리하며 어떻게 말하고 행동해야 하는지, 어떻게 하는 것이 마땅한 삶이고 올바른 삶인지를 항상 생각하며 답을 얻고 얻은 답을 실천하며 인식과 실천의 역량을 키워 감으로써 더 확실한 답을 얻을 수 있다. 사물 및 인간과 자기 자신은 주객이 분리된 존재가 아니라 상호감응 하는 존재이므로 상호감응을 통하여 자신의 마음에서 일어나는 자연스러우면서도 은밀한 작용에 대해 깊이 통찰할 수 있는 밝은 지혜가 열리지 않으면 불가능한 학문의 세계이다. 소유와 욕망이 지배하는 어두운 마음으로는 선과 도리를 알 수 없다는 것이다. 그래서 학문 이전에 『소학』의 과정을 통한 도덕적 실천과 함양이 필요하며, 경을 통하여 마음을 삶의 주인으로 확립함으로써 마음을 정화하는 과정이 선행되지 않으면 도학은 불가능하다. 보이지 않는 형이상의 진리에 접근할 수 있는 마음의 문이 닫혀 있기 때문이다. 퇴계는 「무진육조소」 제3조에서 순임금이 우임금에게 전한 16자의 설과 『대학』의 격물치지설을 연결하여 성학을 설명하고 있다. 격물치지는 사람이 대인 관계를 맺고 사태를 만나 어떻게 말하고 행동하는 것이 마땅한가를 생각해서 답을 얻는 것이고 성의, 정심, 수신은 생각해서 알게 된 마땅한 삶을 실천하는 것이다. 이러한 삶이 축적되어 진리와 하나가 된 삶을 이루면 성인의 지경에 들어가게 된다고 한다.

심학적 방법(心法)

『성학십도』 제6도, 제7도, 제8도는 모두 마음에 관한 그림과 설명으로서 성학의 심법을 명쾌하게 보여 주고 있다. 제6도인 「심통성정도」는 인간의 마음을 성과 정이라는 양면으로 이해하고 성정의 온전한 실현으로 성인이 되는 방법을 보여 준다. 퇴계는 자신이 그린 두 개의 그림에서 마음을 "이와 기를 통합하고 성정을 통괄하며 한 몸의 주인으로서 만 가지 조화를 다 겸하고 있다."[38]라고 설명한다. 「태극도」에서 우주 만상의 변화가 태극의 전개로 설명되듯이 인간 개인의 모든 삶의 변화를 마음의 전개로 이해하는 것이다. 그래서 퇴계는 마음

도를 알고 실천함에 의한 성인됨의 학문을 체계화하다

을 태극이라고 부르기도 한다. 인간의 완성이란 곧 마음의 완성이며 마음의 완성이란 양면인 체(體)와 용(用)을 온전하게 하는 것이다.『중용』에서 "중(中)은 천하의 대본(大本)이며 화(和)는 천하의 달도(達道)이다."라고 하는데 이는 곧 마음의 체용을 의미한다. 그래서 마음의 중화를 극진하게 하면 "천지의 질서가 바로잡히고 만물이 잘 자라게 된다."고 하는『중용』의 가르침을 퇴계는 심학의 방법이라고 말한다.

성학의 방법이 독서를 통하여 박학, 심문, 신사, 명변, 독행의 과정을 거쳐 성인이 되는 학문적 방법이라면, 심학적 방법은 자신의 마음에서 바로 성인이 되는 방법이다. 그래서 나는 전자가 불교의 교종에 속한다면 후자는 선종에 속한다고 설명하곤 한다. 퇴계는『성학십도』에서 성학과 심법이라는 두 용어를 통하여『대학』과『중용』의 방법을 종합하고 이를 요순 이래의 성학의 방법과 연결시켰다.

성학의 요체

퇴계는 고민은 오래 깊게 하지만 말로 표현할 때는 간단하고 명료하게 하기를 좋아했다. 하루는 조카에게 이러한 글을 써 주었다.

보배로운 거울이 흙에 묻혀 있으니 갈지 않으면 어떻게 새롭게 되겠는가! 밝은 진주가 연못에 있으니 찾지 않으면 버리게 된다. 성인이 가르친 태극은 내 마음의 법칙이다. 병풍을 만들어 너의 곁에 두면 도가 항상 너에게 있을 것이다. 제대로 생각하고 제대로 실천할 수 있으면 한마디 말로 넉넉하다. 생각하지 않고 실천하지 않는다면 만 가지 말이라도 어디에 쓰겠느냐?[39]

『성학십도』는 퇴계가 선조에게 경연 강의를 하다가 병으로 쉬던 한 달 사이에 완성하였다. 이미 마음속에 있던 것을 정리했다고 하지만 서문인「진성학십도차」를 짓고 각각의 도설에 종합적인 해설을 붙이는 작업을 한 달여 만에 마쳤다는 것은 퇴계의 초인적인 집중력을 보여 준다. 그는 이미 "성학의 큰 단서"와 "심법의 지극한 요체"만 뽑아 "도를 이루어 성인이 되는 요체와 근본을 단정하게 하여 정치를 하는 근원이 여기에 모두 갖추어져 있습니다."[40]라고 자부하면서도, 도와 도설을 해설하며 다시 그 요체를 설명하고자 했다. 특히 제6도「심통성정도」와 제10도「숙흥야매잠도」, 서문인「진성학십도차」에서 자신의 성학을 압축하여 제시한다.

요컨대 이기를 겸하고 성정을 통섭하는 것은 마음이요, 성이 발하여 정이 되는 그 경계는 바로 마음의 기미(幾微)요, 만화(萬化)의 지도리로서 선과 악이 여기에서부터 갈라집니다. 학자는 진실로 한결같이 경(敬)을 견지하여 이(理)와 욕(欲)에 어둡지 않고, 더욱 이 마음을 삼가 미발인 때에 존양(存養)의 공부를 깊이 하고, 이발인 때에 성찰(省察)을 익숙하게 하여 진리를 쌓고 오래도록 힘쓰면, 이른바 '정밀하게 살피고 한결같이 지켜 중용을 잡는(精一執中)' 성학과 '체를 보존하여 사물에 응하여 작용하는(存體應用)' 심법을 밖에서 구할 필요 없이 여기에서 모두 얻을 수 있을 것입니다.[41]

이것[42]은 한 번 움직이고 한 번 고요할 때에나, 어느 곳 어느 때에나 존양하고 성찰하여 번갈아 공부하는 방법입니다. 과연 이렇게 할 수만 있다면 어떠한 상황에서나 털끝만 한 잘못도 없을 것이요, 어느 시간적 상황에서

나 잠시의 중단도 없을 것입니다. 두 가지로써 병진하면 성인이 되는 요령은 바로 여기에 있는 것입니다.[43]

그러므로 공부하는 방법은 반드시 '가지런하고 장엄하며 고요하여 전일한(齋莊靜一)' 가운데 이 마음을 보존하고, '배우고 묻고 생각하고 변별하는(學問思辨)' 즈음에 이 진리를 궁구하여, 보이지 않고 들리지 않을 때에도 경계하고 두려워하는 것을 더욱 엄하고 공경스럽게 하며, 은미하고 그윽하여 홀로만 아는 마음의 기미에 대하여 성찰하는 것을 더욱 정밀하게 하는 것입니다. 하나의 그림에 나아가 생각할 때는 그 그림에 전일하여 다른 그림이 있음을 알지 못하는 것처럼 하고, 한 가지 일을 익힐(習) 때는 그 일에 전일하여 다른 일이 있음을 알지 못하는 것처럼 하여야 합니다. 아침저녁으로 늘 그렇게 하고, 오늘도 내일도 계속하여야 합니다. 혹은 밤 기운이 청명(淸明)한 때에 차근차근 실마리를 풀어 완미(玩味)해 보거나 혹은 응대하는 일상생활에서 체험하고 길러야 합니다.[44]

퇴계의 성학은 삶의 완성을 목표로 한다. 그러므로 퇴계는 삶의 박자를 중시한다. 삶은 중단이 없으므로 삶과 함께하는 학문 역시 중단이 없다. 마음의 진리를 추구하기에 마음을 삶의 주인으로 확립하는 경이 가장 먼저 강조된다. 그래서 십도는 전체가 경을 바탕으로 삼는다고 한다. 그다음 중시되는 것이 마음에 있는 두 가지 현상, 즉 성명에서 발하는 도심과 육체와 기운에서 발하는 욕심을 잘 살펴, 미발의 때에 성명을 보존하여 기르고, 이발의 때에 성찰을 통하여 천리가 욕심의 방해를 받지 않고 실현되게 하는 것이다. 거경, 궁리, 존양, 성찰의 공부를 하며 진리가 축적되고 실천의 노력이 축적되면 성학이라는 실천 학문적 방법과 존체응용(存體應用)이라는 심법을 한꺼번에 얻을 수 있다고 한다. 퇴계는 심학으로 성학까지 포괄할 수 있다고 하니 퇴계의 학문은 불교에 비교한다면 교종보다 선종에 가깝다고 할 수 있다. 퇴계는 인간의 동정과 내외, 새벽부터 저녁까지라는 삶의 시공적 상황에서 자신의 마음의 체용을 살피며 사태와 마주하게 되면 성인됨의 길은 바깥에서 구할 필요 없이 마음을 중심으로 한 삶에서 얻을 수 있다고 말한다.

경으로 일관함

"경(敬)으로 안을 곧게 하고 의(義)로 바깥을 방정하게 한다."라고 하여 경과 의는 군자가 자신의 삶을 완성하는 두 박자로서 이미 『주역』의 십익에서부터 강조되기 시작하였다. 정이가 "함양은 경에 달려 있고, 도리를 궁구함은 앎을 극진하게 하는 데 달려 있다."라고 하고 주희가 "경은 성학의 시작과 끝이 된다."라고 말한 이래 경은 모든 성리학자들이 중시하게 되었다. 퇴계는 주희가 경의 중요성과 방법을 설명한 『대학혹문』의 글을 「소학도」와 「대학도」에 걸쳐 인용하고 자신의 『성학십도』도 경을 주로 함을 밝히고 있다. 성학의 일차적인 목표는 자신의 본성을 온전히 밝히고 실현하는 것이다. 본성은 마음에 담겨 있으므로 본성을 밝히는 대전제는 마음의 확립이다. 그래서 맹자는 "흩어진 마음을 찾는 것"과 "먼저 마음을 세우는 것"을 학문에서 가장 먼저 갖추어야 하는 중요한 것이라고 말하고 있다. 퇴계의 경에 대한 강조는 선현들의 경에 대한 강조를 이어받고 종합하면

도를 알고 실천함에 의한 성인됨의 학문을 체계화하다

서, 한편 그 이상의 설명과 암시를 담고 있다. 경으로 마음의 주인을 삼고 경으로 천리를 함양하여 동정이 일관되고 내외가 합일이 되면 성인이 되는 길이 그 가운데 있다는 것이다. 그래서 정복심의 「심학도」를 중시한다. 그 끝에서는 경을 통하여 성인이 될 수 있음을 이렇게 설명하고 있다.

> 요컨대 공부하는 요령은 경(敬) 하나에서 떠나지 못한다. 대개 마음이란 몸의 주재(主宰)요 경은 또 마음의 주재인 것이다. 배우는 자들이 '주일무적'의 설과 '정제엄숙'의 설, '그 마음을 수렴한다'는 설과 '항상 깨어 있게 한다'는 설에 대하여 익숙히 궁구해 보면 그 공부가 절로 다하여 성인의 경지에 들어감도 어렵지 않을 것이다.[45]

퇴계는 경이 학문의 시작에서 완성에 이르기까지 잠시도 떠날 수 없는 것이며, 경을 통해서만 지행의 학문이 가능하고 경을 통해서 인간의 동과 정의 공부가 일관할 수 있으며 경을 통하여 인간은 내외가 합치되고 형이상의 세계와 형이하의 세계가 하나로 될 수 있다고 한다.

> 경이란 것은 또 형이상(形而上)과 형이하(形而下)에 다 통하는 것이니, 공부를 시작하고 효과를 거두어들임에 있어서 다 마땅히 종사하여 잃지 말아야 할 것입니다.[46]

경을 유지하는 것은 생각과 배움에 다 필요하고 동(動)·정(靜)에 다 일관해야 하는 것으로, 안과 밖을 합치시키고 현(顯)과 미(微)를 하나로 하는

방법입니다.[47]

요컨대 성학은 본성의 온전한 실현이다. 본성의 온전한 실현은 마음의 체용을 온전히 실현하는 것이며, 경은 마음을 삶의 주인이 되도록 회복하는 공부이다. 경을 통하여 마음이 온전하게 회복되면 인간은 동정의 삶을 통하여 마음의 체용을 온전하게 실현할 수 있으며, 그렇게 되면 자연이 인간에게 부여한 온전한 본성을 온전하게 실현할 수 있게 된다. 경을 통한 실천적인 삶의 완성, 그것이 바로 성인됨의 삶이자 성인됨의 학문이다. 객관적 학문인 과학과 얼마나 다른가? 과학이 자연이 성취한 객관화된 세계를 탐구하여 인간의 인식과 소유의 세계를 넓히는 것이라면 성학은 자연과 삶을 함께하고 자연의 삶에 참여하는 것이다.

6　맺는 말

『논어』「공야장」편에 자로와 안연과 공자가 함께 앉아 자신의 이상에 대한 생각을 주고받는 내용이 실려 있다.[48]

자로는 "좋은 마차에 멋진 가죽옷을 입고 친구와 함께 논다면 낡아서 못 쓰고 못 입게 되어도 유감이 없겠습니다."[49]라고 말하고 안연은 "선함을 자랑하지 아니하고 공로를 뽐내지 않고자 합니다."[50]라고 했다. 이에 공자는 "노인은 편안하게 하고 친구들은 믿게 하고 어린이들은 품어 주겠다."[51]라고 했다. 정이는 세 사람의 뜻을 모두 인(仁)으

　도를 알고 실천함에 의한 성인됨의 학문을 체계화하다

로 풀이했다. "공자는 인에 편안하고, 안연은 인을 어기지 않았으며, 자로는 인을 구하였다."[52] 이들의 수준은 달랐으나 목적은 모두 인의 실현에 있었다는 것이다. 성학의 목표란 본성을 실현하는 사람이 되는 것이다. 인간의 본성이 인이라면 모든 인간이 자신이 처한 위치와 상황에서 인을 실현하는 것이 성학의 현대적 의미라고 할 수 있다.

우리는 과학을 통하여 객관적 지식을 추구하며 세계에 대한 어마어마한 정보를 얻게 되었다. 각자가 가진 스마트폰 안에는 과거 성현들이 알고 기억하던 지식보다도 수천 배나 많은 정보가 축적되어 있다. 그러나 그 무한한 정보를 이용하여 어떻게 살아야 할지를 알지 못한다. 현상과 사실의 세계는 항상 변화하며 매우 복잡하고 다양하지만 실천적 삶의 원리는 그렇게 복잡하지 않다는 것을 공자의 말을 통해 알 수 있다. 공자는 증삼에게는 "나의 도는 하나로 관통한다."[53]라고 말하고 자공에게는 "나는 하나로 관통한다."[54]라고 말했다. 증삼은 "예."라고 대답하고서 이를 '충서'로 해석했지만 자공은 듣기만 하고 응답하지 못했다. 요컨대 삶의 원리는 복잡하지 않다는 것이다.

모든 생명은 다 잘 살고 있으니 삶의 원리가 복잡하지 않다. 본성에 따르는 삶을 성인이라고 하는데 본성은 인(仁) 한 글자로 설명되거나, 또는 인(仁)과 지(知)로 설명되거나, 또는 지(知), 인(仁), 용(勇)으로, 맹자 이후에는 인의예지(仁義禮智)로 설명되며, 가장 복잡한 설명은 인의예지신(仁義禮智信)이다. 이렇게 다섯 글자 이내로 설명되지만 그것을 온전하게 실현한 사람은 역사상 매우 드물다. 원리는 간단하지만 응용은 무한하기 때문이다. 실천하면서 무한한 응용이 이루어지는 이러한 원리는 창조적 원리이지 고정된 법칙일 수 없다. 그러므로 실천과 함께 사람의 인격이 변화하게 된다. 나이가 들수록 마음이 넓고 밝아지며 삶이 의와 예로 충만해지는 것은 얼마나 멋있는가? 이러한 노인이 많아진다면 경로사상이 저절로 우러나지 않을까 기대된다. 퇴계가 좋아하던 범준(范浚, 1102~1150?)의 「심잠(心箴)」에는 "마음이 태연하면 모든 신체 기관이 그 명령을 따른다."[55]라고 하며, 주권(朱權, 1378~1448)의 『활인심(活人心)』에는 "마음을 기쁘게 잘 기르면 질병이 생기지 않는다."[56]라고 분명하게 말하고 있다. 마음은 우리 몸의 주인이며, 우리의 삶은 마음이 원하는 그대로 이루어진다. 마음을 삶의 중심으로 확립하면 신체적으로 건강한 삶이 유지되며 사랑과 정의와 예의와 지혜가 충만한 삶을 살 수 있는데 마음을 존중하지 않을 수 있겠는가? 21세기에는 마음을 중심으로 삼아 인간의 덕성과 외적 자연에 대한 인식을 통합하고 가치 세계와 사실 세계를 통합하는 새로운 시대를 열어야 한다.

퇴계는 『성학십도』를 통하여 인간의 인격이 완성되는 길을 복잡하지 않으면서도 체계적으로 명확하게 밝히고 있다. 말로는 간단하지만 확실하게 알기도 쉽지 않고, 실천하기는 더욱 어려운 것이 진리의 세계이다. 현대는 더욱 심하다. 세계는 기계 문명의 극치에서 자본과 물질이 지배하고, 그런 사회를 유지하고 재생산하기 위해 인간은 욕망하는 존재이며 욕망이 인간의 본성이라고 부추기고 있다. 대상적 인식의 특성을 지닌 과학은 대상화되지 않는 마음의 세계, 가치의 세계, 도의 세계를 간과하는 면이 있다. 성학으로서의 유학은 당분간 험난한 길이 예상되지만 그러나 결국 진리는 드러날 것이다.

유학에 뜻을 둔 40년 동안 국가와 사회의 지원을 받아 학문에 종

도를 알고 실천함에 의한 성인됨의 학문을 체계화하다

사하고서 아직도 어리석음을 격파하고 지혜로움에 나아가지 못하고, 사사로움을 잊고서 인에 나아가지 못하며, 나약함을 떨치고 도에 나아가는 용기가 모자라는 것이 매우 부끄러울 뿐이다. 퇴계의「시습재」를 다시 읽음으로써 글을 마친다.

날마다 명과 성을 닦으니 새가 날기를 익히는 것과 같구나.
거듭 생각하고 다시 실천하니 때때로 그곳에 도달하네.
깊은 맛을 얻는 것은 공부를 익숙하게 함에 달렸으니
어찌 진귀한 음식이 입을 즐겁게 하는 정도일 뿐이겠는가.

이광호　서울대학교 철학과와 동 대학원에서 서양과 동양의 철학을 배우고 민족문화추진회(현 한국고전번역원) 부설 국역연수원과 태동고전연구소에서 한문과 한자로 기록된 고전을 익혔다. 한림대학교와 연세대학교 철학과에서 유학과 동양철학을 가르쳤으며 태동고전연구소 소장, 한국동양철학회 회장을 역임했다. 현재 연세대학교 명예교수이자 국제퇴계학회 회장, 국제퇴계학연구회 회장이며, 한국학중앙연구원의 지원 아래 퇴계학원구원에서 수행하는 『퇴계전서』 정본화 사업의 연구책임자를 맡고 있다. 역서로 『성학십도』, 『근사록 집해』, 『심경 주해 총람』, 『이자수어』, 『대학공의·대학강의·소학지언·심경밀험』, 『예기정의: 대학·중용』 등이 있고 『퇴계와 율곡, 생각을 다투다』, 한국고전선집 『퇴계집』을 편역하여 출간했다. 주자학상과 퇴계학학술상을 수상했다.

21

유학자 정약용의
예치 시스템과 인륜 개념

정약용의 『목민심서』 읽기

백민정 (가톨릭대학교 철학과 교수)

정약용이 유배 기간 동안 머물렀던 강진의 다산초당(茶山草堂). 이곳에 11년간 있으면서 수많은 저서를 집필했다. (사진 문화재청)

정약용(丁若鏞, 1762~1836)

자는 미용(美庸), 호는 다산(茶山), 여유당(與猶堂), 사암(俟菴), 탁옹(籜翁) 등이며 시호는 문도(文度)이다. 경기도 광주군(지금의 경기도 남양주시)에서 진주 목사를 지낸 정재원(丁載遠)의 아들로 태어났다. 28세에 전시에 수석으로 급제해 관직에 진출했고 31세에 수찬으로 있으면서 「기중가도설」을 지어 올려 화성 축조에 기여했다. 병조 참의로 있을 때 형 정약전이 주문모 사건에 연루되면서 좌천당했다가 1년 후 규장각 부사직으로 복귀해 승지에 올랐다. 39세 때인 1800년에 정조가 승하하고 천주교 신자들에게 박해가 시작되면서 다음 해 유배형을 받고 강진에서 18년을 보냈다. 57세에 고향으로 돌아와서는 저술에 힘쓰며 조용히 지냈다. 사서에 대한 해석서를 비롯해 '일표이서'로 널리 알려진 『목민심서』, 『흠흠신서』, 『경세유표』, 역사 지리서 『아방강역고』, 어원 연구서 『아언각비』 등 다양한 분야에서 방대한 저서를 남겼으며 『여유당전서』로 정리되어 있다.

1 동아시아 유교 사회의 정치 — 인권이 아닌 인륜

동아시아에서 수천 년 동안 전개된 유학 사상은 인간 간의 관계 맺음의 원리인 인륜(人倫)을 가장 중요한 철학적 개념으로 상정한다. 동등한 사회적 권리와 의무를 가진 인권(人權)의 주체로서의 개인이 아니라 서로 다른 성품과 능력, 권한과 역할을 가진 상이한 인간들 사이의 관계 맺음의 원리, 혹은 바람직한 질서 구축의 원리로서 인륜 개념이 강조된 것이다. 좀 더 부연 설명하면 인륜이란 인간과 인간 사이의 '타당하면서도' '차등적인' '서로 구분되는' 관계 맺음의 원리를 의미한다. 인간과 인간은 반드시 공동체에서 함께 살아야 하지만 모두 동등하거나 평등한 것이 아니기 때문에(不同) 타당한 방식의 차등적 대우 혹은 상이한 관계를 맺을 수밖에 없다(和)고 보았던 것이고, 바로 이 두 측면을 함께 구현함으로써 인간 사이의 가장 이상적인 관계 맺음이 사회적으로 실현될 수 있다고 보았다.(『논어』「자로」편에 나오는 "君子和而不同, 小人同而不和." 참조) 유교 지식인들이 인간의 자연스러운 내적 감정으로 강조했던 효제(孝弟) 같은 도덕적 감정을, 타당하게 차등적인 방식으로 구체화해서 표현할 수 있도록 해 준 행위의 바람직한 표현 수단을 유교 사회에서는 예(禮, rituals)라고 불렀다. 동아시아 유교 사회에서 예라는 것은 관계의 차등성과 타당한 방식의 관계 맺음이라는 두 측면을 인간 삶에서 제도를 통해 구현한 결과물이라고 볼 수 있겠다.

인륜 개념은 크게 두 가지 원리로 구분해 설명할 수 있다. 혈연을 매개로 한 연대 또는 유대의 원리(親親=孝)와 신분을 매개로 한 구별

또는 차등의 원리(尊尊=悌)가 바로 그것이다.[1] 전통적인 유교 사회를 구성해 온 이 두 가지 원리, 즉 혈연적 유대의 원리와 사회적 구별의 원리 사이에는 근본적인 긴장과 충돌이 존재하는 것으로 보인다. 단적인 예로 부모·자식 간의 사적 관계와 군주·신하 간의 정치적 관계가 충돌하는 경우를 생각해 볼 수 있다. 이 두 가지 원리 사이의 긴장과 충돌에 대해서는 여러 측면에서 성찰할 수 있지만, 연구자들은 양자의 관계 맺음의 원리가 동아시아 고대 사회에서 인간 사이에 일어날 수 있는 모든 예상 가능한 갈등과 분쟁을 해소하기 위한 매우 현실적인 대안으로서 등장했다는 점에 주목한다.[2] 이에 따르면 춘추전국시대에 대립적 논쟁자들의 격렬한 비판을 거치면서 공자와 맹자의 유학 사상은 인륜이 갖는 정치적 의미와 효과를 좀 더 분명하게 드러낼 수 있었다는 것이다. 유교 지식인들은 인간의 권력과 사유 재산을 둘러싼 심각한 투쟁과 대립을 오랜 시간 직접 목도했던 관찰자였다. 당대의 정치 현실을 떠나 이상적인 철학적 사유를 통해서 인의(仁義)의 도덕관념, 정치인의 선심(善心)에 기초한 왕도 정치(仁政), 효제와 애정에 바탕을 둔 혈연적 가족 공동체의 유대감을 맹목적으로 옹호했던 인물들이 아니었다는 말이다. 오히려 유학자들은 자신들의 정치적 목적과 국가 운영에 필요한 효율적 방법으로서 인간 본성의 성향과 관계 맺음의 원리를 이론적으로 요청했다고 볼 수 있다. 바로 이러한 정치적 목적과 관련해서 인간 사이의 모든 갈등과 분쟁을 해소할 수 있는 가장 유효한 논리 혹은 판단 기준으로서 제안된 것이 곧 혈연적 유대에 기초한 친친(親親)과 사회적 구별 및 차등화에 기초한 존존(尊尊)의 관계 원리였다고 볼 수 있다.

유학자들이 효제(孝悌) — 부모에 대한 효도와 형을 포함한 연장자에 대한 존경 — 라는 가족 간의 덕목을 강조한 이유를 재고할 필요가 있다. 가령 공자가 "(집 안에서) 효제하는 자는 사회적으로 난동(亂)을 일으키지 않을 것이다."라고 말하거나[3] 맹자가 사람들이 집 안에서 "친친(親親=孝)하고 장장(長長=悌)하게 만들면 천하가 질서 있게 다스려질 것이다."라고 말하고[4] "인의(仁義)의 핵심은 곧 사친(事親=孝)과 종형(從兄=悌)에 있다."라고[5] 강조했을 때, 이들의 의도는 사회적 분란(亂)을 막고 정치적 질서(天下平)를 실현하는 것에 궁극적 목적이 있었다. 따라서 중국 고대 사회에서 유교적 소양의 지식인들이 선천적인 도덕 감정의 중요한 사례로서 부모 자식 간의 효도와 공경심을 무비판적으로 신봉했거나 맹목적으로 추종했다고 보기는 어렵다. 공자와 맹자처럼 부모의 잘잘못을 감춰 주고 덮어 주는 것과 같은 친친의 행위가 궁극적으로는 사회적 안정과 공존에 도움이 된다고 보는 확충적 입장이 있었던가 하면,[6] 순자나 그 제자들처럼 대효(大孝)와 소효(小孝)를 엄격하게 구분하면서 분별없이 부모를 따르거나 무조건 순종할 것이 아니라 부모의 뜻이 의리에 맞는지 다시 검토하면서 비판적으로 자신의 부모에게 간쟁(諫爭, 간언)할 수 있는 자식이 있어야 도리어 대효(大孝)를 세울 수 있다고 보는 대립적 입장도 함께 존재했다.[7]

그렇다면 부모 자식 간의 효제의 감정에 대해 조선 후기의 유학자 다산 정약용은 어떻게 생각했을까? 그는 잠재적 가능성(性)의 영역에서는 누구에게나 부모와 형제에 대한 양지양능(良知良能)의 감정이 선천적으로 주어져 있다고 말할 수 있을지 모르지만, 현실에서는

유학자 정약용의 예치 시스템과 인륜 개념

오히려 자기 부모에게 노력 없이 저절로 사랑하거나 효도하기가 어렵다는 점을 토로했다.[8] 더구나 자신이 처한 상황에 따라서 부모에게 어떻게 대응하는 것이 효도의 감정을 잘 살린 도덕적 행위인지에 대해서도 서로 다른 방식으로 이야기한다. 마지막 장에서 다시 언급하겠지만, 정약용은 부모의 잘잘못에 대해 자식으로서 원망하고 노여워하는 것이 오히려 부모를 친애하면서 가깝게 여기는 효도의 마음을 잘 구현한 행위라고 인정한 경우도 있었다. 이것은 정약용이 효제나 효도의 마음 그 자체가 가진 윤리적 의미보다는, 나와 관계 맺은 타인 그리고 둘 사이의 구체적 상황에서 요청되는 서로 다른 친친(親愛)의 표현 방식, 즉 상이한 행위가 필요하다고 강조한 것을 알려 준다.

『논어』와 『맹자』에서 주로 언급된 효(孝)의 의미는 다음과 같은 두 종류로 분류할 수 있다. 한 가지는 부모의 뜻을 잘 살피고 부모의 뜻에 그대로 순응하고 순종하는 자식의 태도를 의미하는 사친(事親)의 경우다. 이것이 우리가 일반적으로 알고 있는 부모 자식 간의 효의 실천 사례라고 할 수 있다. 다른 한 가지는 부모가 아니더라도 나와 가까운 사람을 가깝게 여기고 친절히 응대하는 친애의 태도를 가리킬 때의 효이다. 가령 부모가 자식을 인정해 주지 않거나 부당하게 멀리 내칠 때 자식은 기본적으로 부모의 뜻에 따르려고 하면서도 다른 한편 부모에 대한 원망감과 노여움, 서운한 감정을 표출할 수밖에 없는 경우가 있는데, 이처럼 부모를 원망하는 태도가 부모와 보다 친애하고 부모를 가까이 하기 위한 의도를 가진 경우라면 유학자들은 그 원망과 서운한 감정이 부모에 대한 효의 의미를 갖는다고 인정했다. 효와 짝을 이루는 제(弟=悌)라는 개념은 공경 혹은 존경의 의미를 가리키는 말이다. 이것은 기본적으로 겸손하게 자신을 낮추면서 반대로 상대를 높여 존경함으로써 나와 상대방을 타당한 방식으로 구별하거나 구분하는 기능을 갖는다. 맹자는 한 집안에서 어린 동생이 자신의 형을 공경하는 행위로부터 이런 존경의 모델을 찾았는데, 이것이 맹자 이후 좀 더 넓은 영역으로 확대되어서 존존과 존현(尊賢), 존장(尊長), 장장(長長) 등 다양한 방식으로 표현되었다.[9]

이처럼 친친이 일반적으로 혈연적 관계에 있는 사람들 사이의 친소(親疎) 관계에 중점을 둔 원리라면, 존존은 사회적 신분 사이의 상하 귀천 및 서열 관계에 중점을 둔 원리였다고 할 수 있다. 유교 사회에서 신분을 결정했던 중요한 기준과 항목으로 보통 지위(관직)와 나이 및 능력(덕행=학행)을 꼽을 수 있다. 뒤에서 살펴보지만 정약용은 이와 같은 보편적인 존경과 구별의 세 가지 원리를 '삼달존(三達尊)'이라고 불렀다. 이 가운데 관직과 나이의 항목은 일반적으로 아랫사람이 윗사람을 존중하고 따라야 하는 일방향성을 띠게 마련이지만, 덕행 혹은 학행으로 표현되는 인품과 학식의 능력 문제는 지위와 나이에 관계없이, 위아래 사람이 모두 상호 존중하고 공경해야 하는 쌍방향성을 띠는 기준이었다고 볼 수 있다. 가령 맹자가 다음과 같이 현능한 아랫사람을 윗사람이 공경해야 한다고 말한 것도 이런 맥락에서다. "아랫사람으로서 윗사람을 공경하는 것을 존귀한 이를 존귀한 이로 대한다고 말하고, 윗사람으로서 아랫사람을 공경하는 것을 현능한 자를 존대하는 것이라고 말한다. 존귀한 이를 존귀한 이로 대하는 것이나 현능한 자를 존대하는 것은 본래 그 의미가 같은 것이다."[10]

친친의 원리와 그에 맞춘 행위가 상대방과 나와의 거리를 없애서

유학자 정약용의 예치 시스템과 인륜 개념

최대한 친밀감과 애정의 관계를 조화롭게 형성하려는 데 목적이 있다면, 존경 혹은 공경의 원리에 기초한 행위는 상대방과 나 사이에 일정한 거리와 구별을 설정해서 그와 내가 다른 존재임을 보이는 데 목적이 있었다고 볼 수 있다. 따라서 상대에게 친밀함을 표현할 때는 형식적인 격식이나 예의를 최대한 생략해서 진솔한 마음을 표현하지만, 공경과 존경함을 표현할 때는 최대한 상대방을 높이면서 자신을 겸손하게 낮추기 위해 여러 단계의 절차와 형식미를 중시했다. 이러한 서로 차등적인 마음과 태도가 각종 의례를 통해서 구체화되어 드러날 때 유학자들은 바로 그것을 예(禮)라고 불렀던 것이다. 『중용』에서는 "친애할 이를 친애하는 것에 차등을 두는 것과 존경할 이를 존경하는 것에 차등을 두는 것에서 바로 예가 생겨났다."라고 설명한다.[11] 곧 모든 사회적 행위에서 친애하는 것과 존경하는 두 가지 태도를 적절한 방식의 비율로 혼용해서 구체적 상황에 알맞게 행위하고 실천하도록 교육함으로써, 상이한 사회 구성원 사이에 궁극적으로 조화와 질서를 구현하도록 촉구했던 것이라고 볼 수 있다.

공동체 구성원 간에 친애와 친밀감을 이루는 것이 가장 바람직한 목표가 되겠지만, 친애함과 존경함은 구체적 상황에 따라서 우선순위가 얼마든지 바뀔 수 있는 관계의 원리였다. 가령 상례(喪禮)를 실천하는 과정에서 두 가지 원리가 계속 가변적으로 결합하면서 그 의미를 형성하는 경우를 예로 들 수 있다.[12] 초상(初喪) 때에는 사자(死者)에 대한 후손의 태도와 행위에서 친애함의 감정을 표현하는 것이 가장 우선적인 일이기 때문에 이때는 사자와 상주를 매개하는 번다한 의절(儀節), 즉 다양한 문식과 꾸밈을 최소화하는 형태로 상례를 진행한다. 그러다가 시신을 직접 관에 넣고 빈소에 안치하고 나면 상복(喪服)으로 갈아입는 등 몇 단계의 문식이 세밀하게 덧붙여진다. 그런 다음 시신을 매장하는 장례(葬禮) 의절을 절차대로 마치고 나면 이제 가까운 혈연 간의 친애함을 표현하는 곡(哭)을 완전히 그치는 졸곡(卒哭) 단계로 넘어간다. 이때부터는 죽은 사자를 귀신으로 간주하면서 부모 자식 간의 친애함이 아닌 귀신에 대한 공경함, 다시 말해 나와 다소 거리가 있는 자에 대한 차등적인 공경과 존중의 태도를 위주로 하는 형태로 상례 절차가 진행된다. 이처럼 상례의 의절만 보더라도 부모에 대한 친밀감을 우선시하는 단계에서 죽은 자에 대한 두려움과 공경심을 우선시하는 단계로 이행하면서 당사자들의 태도와 행위가 변화하도록 촉구했던 것을 엿볼 수 있다.

2   정약용 정치 저술의 관계

1818년 오랜 유배를 마친 뒤 경기도 남양주의 고향 집에 돌아온 정약용은 스스로 지은 「자찬묘지명(自撰墓誌銘)」에서 자신의 학문 인생을 결산하며 이렇게 총평을 남겼다. "육경과 사서에 대한 연구로 개인 수양(修己)을 삼고, 일표이서(一表二書)로 천하 국가를 위하고자 했으니 본말을 모두 갖추었다." 조선 시대 유학자들은 사대부(士大夫), 즉 학자형 관료로서 개인 수양으로서의 수기(修己)와 대민 통치로서의 치인(治人)을 자기 학문과 정치의 가장 중요한 두 가지 목표로 삼았다. 양자의 통일을 위해서 개인 수양의 문제를 주로 다룬 경학(經

學)과 국가의 정치·경제 문제를 다룬 경세학(經世學)의 학문적, 정치적 통일을 지향했는데, 위에서 다산이 말한 '본말의 구비'란 바로 이런 결과를 일컫는다. 잘 알려진 다산의 정법삼서(政法三書), 즉『경세유표(經世遺表)』·『목민심서(牧民心書)』·『흠흠신서(欽欽新書)』는 정약용의 정치 저술을 대표하는 주저들이라고 할 수 있다. 오래된 나라를 새롭게 만들기 위해서(新我舊邦) 내놓은 정약용의 역작『경세유표』는 특정한 역사적 상황을 뛰어 넘어 장구한 시간 동안 존속 가능한 '신국가 건설' 기획안을 담은 책이다.『경세유표』에서 조선 정부의 중앙 관제를 비롯해서 인사 관리, 토지, 세금, 군사, 교육 등을 포괄하는 가장 이상적인 국가 운영 시스템을 전반적으로 밝혔다면,『목민심서』와『흠흠신서』에는 당시 조선의 법제를 어느 정도 그대로 인정하면서 당면한 급무들을 현실적으로 해결하기 위한 대증 요법과도 같은 처방안을 실었다. 정약용은「자찬묘지명」에서 직접 일표이서의 전체 성격을 밝혔다.

경세(經世)란 무엇인가? 관제·군현제·전제·부역·공시(貢市)·창저(倉儲)·군제(軍制)·과제(科制)·해세(海稅)·상세(商稅)·마정(馬政)·선법(船法)·영국지제(營國之制) 등의 문제를, (그때그때) 시용(時用)에 구애받지 않으면서, 경(經)을 세우고 기(紀)를 베풀어서 우리의 오랜 나라를 새롭게 만들려고 생각하는 것이다. 목민(牧民)이란 무엇인가? 오늘날의 법제에 따르면서 우리 백성을 다스리는 것이다. 율기(律己)·봉공(奉公)·애민(愛民)을 기본 강령으로 삼고, 이전·호전·예전·병전·형전·공전을 육전(六典)으로 삼으며, 마지막 진황(振荒) 1목(目)으로서 마무리하였다. 편마다 각각 6조(條)씩 포괄하되 고금을 조사하여 망라하고, 간사함과 거짓됨을 파헤쳐서 목민관에게 주니, 한 명의 백성이라도 그 은택을 입는 자가 있기를 바라는 것이 나의 마음이다. 흠흠(欽欽)이란 무엇인가? 인명(人命)에 관한 옥사는 잘 다스리는 자가 매우 적은 듯하다. 경사(經史)로써 근본을 삼고 비판적인 논의를 덧붙여 공안(公案)을 증거로 삼되, 모두 철저히 헤아리고 평가하여 옥관에게 주어서 누구라도 억울함이 없기를 바라는 것이 나의 뜻이다.[13]

『경세유표』가 앞서 말한 것처럼 장기적인 구조 개혁을 염두에 두고 국가 운영의 논리와 구조를 밝힌 저술이라면, 『목민심서』는 당시 지방에 파견된 목민관들이 행정상의 효율성과 지방 통치를 위해 시급히 요청되는 업무를 보완하기 위해 기획된 것임을 알 수 있다. 마지막 『흠흠신서』는 인명 사건, 대부분 살인과 관련된 형사 사건의 공정한 처리를 위해서 유교 경전의 내용과 중국 명청 시대의 공안(公案) 수백 개를 참조하면서, 누구라도 억울함을 당하지 않도록 하기 위해 마련된 형사 재판 판례들과 정조 시대 어판(御判) 기록에 대한 다산의 비판적 입장을 수록해 놓은 작품이다. 세 저작 가운데 전통 유교 사회에서 필사본의 형태로 널리 보급되면서 가장 폭넓게 읽혔던 작품이 바로 『목민심서』였다. 『목민심서』는 외견상으로는 지방에 파견된 수령, 목민관을 위한 행정 지침서, 행정 실무 요령서 혹은 안내서 정도로 보인다. 그렇다면 이런 종류의 작품이 왜 정약용의 경세학 저술 가운데 가장 대표적인 작품으로 평가받았던 것일까?

'목민'의 다른 표현은 '치민(治民)'이다. 목(牧)이란 글자는 국왕이나 지방관, 고을의 관장을 모두 가리키던 말인데 이미 중국 고대

유학자 정약용의 예치 시스템과 인륜 개념

경전의 하나인 『서경』에서부터 순임금이 파견한 12주의 우두머리를 가리켜서 '목'이라고 부른 경우가 있었다.[14] 명나라 때의 대표적인 목민서(牧民書) 가운데 하나인 『목민심감(牧民心鑑)』이 조선 태종 12년(1412) 무렵 발간되어 당시 지방 행정의 실무 지침서로 널리 사용되었다고 한다. 『목민심감』 서문에는 "하늘이 백성을 낳음에 조율하고 보살피는 일을 모두 다 행할 수 없기 때문에 천자(天子)에게 위임하였으며, 또한 천자 역시 혼자 다스릴 수 없었기 때문에 사목(司牧)들에게 위임한 것이다."라는 말이 나온다.[15] 천자는 하늘(天)로부터 세상을 주재하고 다스리는 권한을 위임받았다고 보았고, 지방 목민관들은 천자의 임무를 이행하는 대리인으로서 천자의 고유한 권한을 위임받았다고 보았음을 알 수 있다. 이러한 정치적 권한 위임의 관점을 '대천리물(代天理物, 하늘을 대신해서 세상의 사물을 다스림)'이라고 한다.

앞서 말했듯이 '목'이라고 하면 우선 임금을 비롯한 모든 통치자를 가리키지만, 지방 파견 수령을 특히 '사목' 혹은 '목민관'이라고 부른 것은 이들이 바로 백성을 가장 가까이에서 직접 상대하는 정치가였기 때문이다. 다음 장의 인용문에도 보이듯이, 정약용은 일국의 국왕과 지방 수령들이 비록 통치하는 영역의 규모는 다를지라도 그 지위와 권한은 비슷하다고 보았고 지방 수령들을 중국 고대 봉건제의 제후와 그 위상이 유사한 존재라고 생각했다. 조선 시대는 군현제를 기반으로 했기에 지방 수령이 과거 봉건제 시대의 지방 영주와 유사한 존재라고 부연 설명한 것이다. 『목민심서』를 포함한 각종 목민서류는 이렇게 지방 수령들에게 지방 향촌의 이상적 통치와 행정의 효율성을 위한 현실적 지침서로서 제공되었기에 폭넓은 독자층을 확보하게 되었다고 볼 수 있다.

조선의 유학자들이 직접 목민서류를 저술하고 발간하며 널리 유포하기 시작한 것은 주로 17~19세기 사이로 알려져 있고, 특히 조선 후기에 목민서류에 대한 정치적 수요가 급증했던 것으로 알려져 있다.[16] 정약용의『목민심서』이전의 대표적 저술로는 홍양호의『목민대방(牧民大方)』이 인쇄본으로 출간된 유일한 경우였다고 하고, 이 외에는 안정복의『임관정요(臨官政要)』등이 있었지만 체제나 내용 면에서『목민심서』만큼 완성도가 높은 저술은 아니었던 것으로 평가받고 있다. 다산 스스로 밝혔듯이『목민심서』가 삼대 기본 강령과 지방 관아의 행정을 위한 육전 체제, 그리고 비상 재난 시 진황과 구휼을 위한 대비책까지 일사불란하게 향촌의 행정과 통치를 위한 구체적 지침을 구비해 놓았기 때문일 것이다. 책의 이름을 '심서(心書)'라고 붙인 것은 '목민' 혹은 '치민'하고자 하는 마음은 있으나 유배자의 신분 때문에 직접 실천할 수 없었기에 오직 마음으로 쓴 책이라는 뜻에서 그렇게 했다고 말한다. 이상적인 정치 시스템을 밝힐 목적으로 집필한『경세유표』를 현실에 곧바로 적용할 수 없다고 판단하고 당시 현실의 중요한 민생 사안을 해결하기 위한 방도로서『목민심서』를 저술했다고 밝혔듯이, 다산의『목민심서』는 조선 후기 현실의 병폐와 문제점을 해결하기 위한 다양한 제도와 방법을 소개하고 있다. 특히 백성의 형사 재판과 관련된 부분은 관리의 전문성과 정밀성을 요하는 심각한 사안이라서 다산이『목민심서』「형전(刑典)」에서 주장했듯이 별도로『흠흠신서』를 마련해서 상세히 설명할 필요가 있다고 보았다.

유학자 정약용의 예치 시스템과 인륜 개념

이처럼 형사 사건과 관련된 기존의 재판 기록과 정약용 본인의 비판적 견해, 형사 재판 판결의 철학적, 경전적 근거 등을 수록한『흠흠신서』역시『목민심서』와 마찬가지로 지방관들의 향촌 통치를 위한 구체적인 지침서로 제시되었던 것임을 알 수 있다.

『목민심서』는 부임으로부터 임무를 마치는 해관 단계에 이르기까지 총 12편으로 구성되어 있고 각 편마다 다시 6조를 배치했기 때문에 전체는 총 72개 조로 구성되어 있다. 율기(律己), 봉공(奉公), 애민(愛民)의 세 가지 기본 강령은 지방 관리인 수령 자신의 도덕적 주체성 확립과 관련된 항목으로서 결국 위정자 본인의 개인 수양에 초점을 맞춘 내용이었다고 볼 수 있다. 한편 '이호예병형공'의 여섯 분과로 나뉜 육전(六典) 체제는 수령의 구체적인 제반 업무를 열거한 것이며, 다산은 지방 관공서 역시 중앙 관제와 동일한 유기적 구조와 시스템을 갖추어야 한다고 생각한 것으로 보인다. 마지막으로『목민심서』에서는 흉년이나 가뭄, 재해를 당했을 때를 대비해서 비상 재난시를 위한 진황 편을 따로 편성해 놓았다. 12편이 각자 정연하게 구성되어 있지만, 내용의 비중이나 분량으로 보았을 때 육전 부분이 가장 방대하고 복잡하다. 따라서『목민심서』에서는 정약용이『경세유표』의 중앙 관제 체제에서 삼정승 및 의정부 산하 육조(六曹)의 편성을 매우 강조했던 것과 마찬가지로, 지방 운영의 기본 시스템으로서 관공서의 육전 체제 유지와 업무 분담 등을 가장 강조했다고도 볼 수 있다.

3 『목민심서』의 정치적 지향과 방법
── 향촌 도덕 공동체의 수립

조선 지식인들에게 이념적, 사상적으로 가장 중요한 영향을 미친 텍스트는 『소학(小學)』과 『주자가례(朱子家禮)』였다고 할 수 있다. 주희의 『주자가례』와 『의례경전통해(儀禮經傳通解)』가 조선에 유입된 다음 이 텍스트를 면밀히 연구하면서부터 유교 국가의 예치(禮治) 시스템을 구성하는 국가례, 왕실례, 향례, 가례 등에 대한 조선 유학자들의 연구가 본격화되었다.[17] 가령 『경국대전(經國大典)』 「예전(禮典)」이나 『국조오례의(國朝五禮儀)』 등 국가 전례서(典禮書)에 부분적으로만 소개되었던 향례가 주희의 문헌들에 대한 상세한 탐구를 거치면서 지방 향촌의 사족층을 중심으로 적극적으로 수용되기 시작한 것도 이 무렵이었다고 알려져 있다. 향촌 사회를 주자학적 이념과 질서에 의해 재편성하고 통치하려고 했던 양반 사족층의 노력이 현실적으로 효과를 발휘하기 시작한 것은 두 번의 전쟁을 거친 17세기 중후반부터였던 것으로 보인다.[18]

전란 후 국가 재건 과정을 살펴볼 때 중앙 정부에서는 정파 그리고 학파에 따른 '예송(禮訟) 논쟁'이 전개되고 있었고, 지방에서는 향촌 교화와 질서 회복을 위해서 각지의 사족들이 향례의 의미와 방법, 구체적인 예식 절차를 발굴하기 위해 노력했던 것을 알 수 있다. 유형원이 『반계수록(磻溪隧錄)』에서 향법(鄕法), 향례(鄕禮), 향의(鄕儀) 등 향당(鄕黨)의 용어를 상세히 분석하는가 하면, 박세채는 『육례의집(六禮疑輯)』에서 사례(四禮)의 의미와 아울러 향례를 독립적 위상을 갖는 항목으로 간주하면서 가례, 향례, 왕조례, 방국례(邦國禮) 등을 대등하게 서술하기도 했다.[19] 주자학으로 무장한 사족층의 이와 같은 노력은 그다음 세기인 18세기에 보다 노골적으로 드러나는데, 이것은 『주자가례』의 내용과 의미가 조선 사회 저변에 널리 확산되고 향례의 일종인 향약(鄕約), 향사례(鄕射禮), 향음주례(鄕飮酒禮) 등이 전국적 범위에서 시행되거나 확대된 현상을 통해 이해할 수 있다. 이 점에서 볼 때 오히려 조선 후기인 "18세기야말로 가례와 향례 등에 기반한 주자학적 예치 시스템이 사회 전방위적으로 구현된 시대"였다고 볼 수 있을 것이다.[20]

18세기 후반 구상되었고 19세기 초 결실을 맺은 정약용의 『경세유표』에는 기존에 향촌에서 자치적으로 운영되던 주자학적 향례 규정에 대한 비판과 반발이 적지 않게 등장한다. 사실 『경세유표』는 '방례초본(邦禮艸本)'이라는 초고의 원 제목이 보여 주듯이, 다산의 전체 예학(禮學) 저술 가운데 국가례 혹은 방국례에 해당되는 작품이었는데, 이런 국가적 차원의 예제(禮制) 외에도 지방에서 시행 가능한 향례와 향약 등에 대해서도 다양한 평가를 함께 수록해 놓았다.[21] 정약용은 『경세유표』에서 『주례(周禮)』의 고례(古禮) 규정을 재해석하면서, 수도 지역의 '육향제(六鄕制)' 문제를 설명한 적이 있다. 이것은 향사례(마을 체육 대회), 향음주례(마을 연례 잔치), 향약(마을 자치 규약) 등 다양한 향례들이 원래 수도인 서울에서부터 시행되었다는 주장을 펼친 논의이다. 이런 발언에는 18세기 지방 향촌의 향례와 그것을 주관하던 향교(鄕校)를 토족 및 향리층(鄕吏層)이 훼손했다고 본 정약용의 비판적 인식이 반영되어 있다. 그는 고대에는 왕성(王城)에서 거행된 향례 전통이 완전히 폐기되고, 오늘날 지방 향촌에서만 향례가 시행되는 상황을 어쩔 수 없는 불가피한 현실로 인정했다.[22] 하지만 향례를 실행하는 지방 향교가 토족 무리와 이들과 결탁한 서리배들에 의해 사적으로 악용되면서 중앙 파견 수령의 지방 통치를 곤경에 빠뜨리는 현상을 깊이 우려했다.[23] 이 때문에 정약용은 『경세유표』에서 먼저 서울 '육향제'와 육향(六鄕)의 행정 단위에 근거한 향례 원칙을 밝히고, 이어서 『목민심서』 「예전」 등에서 지방의 수령이 주체가 되어 향교 중심으로 향약을 선포하고 각종 향례를 주기적으로 시행하는 절차를 상세히 분석하며 제시한 것이다.

정약용의 예학 관련 저작들

국가례(國家禮) : 국가 및 외교	『경세유표』, 국가례 및 방국례(외교), "법이 아니라 예다."
왕조례(王朝禮) : 왕실	『정체전중변(正體傳重辨)』, 『국조전례고(國朝典禮考)』 (왕실 복제(服制) 예송, 왕위 추숭(追崇) 문제 평가)
향례(鄕禮) : 향촌·부락 마을 공동체	『목민심서(牧民心書)』 「예전육조」, 『경세유표』 관련, 「(강고(江皐)) 향사례(鄕射禮)」, 향약 관련 발언 정조(正祖) 『향례합편(鄕禮合編)』에 대한 의주(儀注) 설명
사가례(士家禮) : 개인, 문종	『상례사전(喪禮四箋)』, 『사례가식(四禮家式)』 (『상의절요(喪儀節要)』, 『제례고정(祭禮考定)』, 『가례작의(嘉禮酌儀)』 등 포함)

『경세유표』에서 정약용이 강조한 육향제의 쟁점은, 왕성이 있던 서울 중심부를 중심으로 동서쪽의 여섯 마을, 즉 육향(六鄕)에서 어떤 제도를 통해 백성을 교육하고 인재를 관리로 선발하며 평가·감독했는지 등을 해명하는 데 있었다. 도성 내 여섯 마을에서는 향대부(鄕

유학자 정약용의 예치 시스템과 인륜 개념

大夫)를 비롯한 다수의 향사(鄕師) 교관(敎官)을 선발해서, 수도 지역 백성에게 육덕(六德)·육행(六行)·육예(六藝) 등 '향삼물(鄕三物)'로 알려진 유화적인 교육 내용을 먼저 가르치도록 했다. 이러한 윤리적 교육과 학습만으로 부족하다고 판단될 경우 '향팔형(鄕八刑)'이라고 불린 강제적인 형벌법, 징계법을 보조적 수단으로 사용하도록 설계했다.(『논어고금주(論語古今註)』「위정(爲政)」편의 '덕주형보(德主刑補)'·'예주형보(禮主刑補)') 위와 같은 교화 정책을 지속적으로 수행하기 위해서 향음주례·향사례 등 각종 향례 예식을 주기적으로 거행했던 점을 다산은 경전의 논거를 통해 논증하고자 했다. 특히 그는 『주례』를 재해석해서 우물 정(井) 자 모양의 아홉 구역을 기준으로 도성 지역 구조를 제시했다. 이에 따르면 왕성 구역을 중심으로 왕성 전면에 관공서를, 왕성 후면에 상공업 특별 지구를, 양쪽의 동서 방향에 육향의 마을을 분할 배치해서 수도의 전체 윤곽을 갖추도록 했다.[24]

육향(六鄕)	상업 및 수공업 특구	육향
육향	왕성(궁궐)	육향
육향	육조(六曹): 정부 관청 지역	육향

정약용은 수도 서울에서부터 육향 지역의 관리들을 잘 선발해서 매달 정기적으로 해당 지역 백성을 모아 놓고 향약을 선포하고, 과실을 벌주며, 모범적 행동이 있는 자들은 선발하여 포상하면서 효제충

신의 윤리를 가르치고 교화하는 향례를 주기적으로 시행해야 한다고 강조했다.[25] 하지만 다산이 살던 조선 후기의 중앙과 지방 행정은 이런 고대의 이상적 제도를 적용할 만한 상황이 전혀 아니었기 때문에 할 수 없이 『목민심서』「예전」 '교민(敎民)' 조항에서 언급했듯이 향촌 각지의 수령들이 고대 제도에 나오는 제후들의 역할과 임무를 이어받아서 대민 교화 사업을 대행해야 한다고 주장하게 되었다.[26]『목민심서』 해당 조항에 따르면 지방에 파견된 수령은 우선 학교(향교) 제도를 개혁하는 것에서부터 첫 업무를 시작한다. 전산(田産)을 제정하고 부세와 요역을 부과하며 수령을 파견하여 형벌과 법규를 밝히는 등의 모든 통치 행위가 결국 백성을 도덕적으로 교화하기 위한 교민(敎民) 사업으로 귀결된다고 보았기 때문에 정약용 같은 유학자들은 수령의 가장 중요한 직무를 백성의 교육과 계몽이라고 생각했다.[27] 각 지역 국공립 학교라고 할 수 있는 향교의 대성전에서 우선 공자에게 제사를 지내는 석전제 예식을 정기적으로 거행하고, 춘하추동 첫 달에 수령이 직접 첩문을 내려서 향약을 선포하며, 나이와 신분(관직), 덕행과 학식 등에 따라 향촌 공동체 구성원들 간의 위계와 서열을 밝혀 주기 위한 예식을 주기적으로 시행할 것을 강조했다.[28] 특히 향음주례, 향사례, 투호례(投壺禮) 등을 계절과 시기별로 나누어 시행해야 한다는 점을 『목민심서』「예전」 여러 조항에서 상세히 설명하고 있다.[29] 비록 시대가 바뀌어 수도 지역 육향과 육향의 관리들이 사라졌지만, 당시 지방 군현의 수령들이 곧 옛 시대 제후국의 제후와 같은 존재로서 그 지위가 향대부와 다를 바 없다고 보았기 때문에, 다산은 지방 목민관들이 과거 서울 육향 지역의 향례를 직접 계승해서

유학자 정약용의 예치 시스템과 인륜 개념

시행해야 한다고 본 것이다.

> 향례는 원래 경례(京禮, 서울의 의례)이다. 옛날에 왕성을 아홉 구역으로 나누었는데, 그 모양이 정전(井田)과 같았다. 중앙에 왕궁이 있고 왕궁 앞에는 정부 관공서가 있으며 뒤에 시장이 있었고 좌우는 육향이 양편에서 마주 보고 있었다. (……) 향음주례는 곧 경음주례(京飮酒禮)이며 향사례는 경사례(京射禮)이다. 요즘 사람이 옛날 제도를 잘 몰라 향(鄕)을 야(野, 지방)로만 잘못 알아서 소위 향음주례와 향사례를 군현(郡縣)에서만 거행하고 서울에서는 전혀 시행하지 않으니 이 또한 잘못된 일이다. 하지만 오늘날 군현은 옛날의 제후국이며 오늘날 수령은 그 지위가 옛날 향대부나 주장(州長)과 같기 때문에 수령은 스스로 주인이 되어 이 예(향례)를 거행하되 옛날 법도를 참고하고 요즘의 제도를 참작하면 큰 실수가 없을 것이다.[30]

정약용은 과거 왕성 지역에 이런 향례 전통이 있었음을 밝히면서, 제후국에도 학궁(지방 향교)이 있었고 그 교육법이 왕성의 최고 고등 교육 기관인 태학(太學)과 다름이 없었기 때문에 마찬가지 법도를 기준으로 지금 지방 각지의 수령들도 향교를 중심으로 양로(養老=孝), 향음(鄕飮=鄕飮酒=尊尊(悌)), 향고(饗孤, 고아 배려=慈) 예식을 준수할 수 있다고 본 것이다.

> 옛날에는 태학에서 양로의 예식을 거행하여 효행의 마음을 일으켰고, 치학(齒學, 연장자 우대) 예식을 거행하여 윗사람을 공경하는 기풍을 일으켰으며, 고아를 먹여 주는 예식을 거행하여 사람들로 하여금 어려운 자를 저

버리지 않도록 가르쳤으니, 이것이 바로 효제자(孝弟慈)의 가르침이 태학의 핵심 종지가 된 까닭이다. 지방 수령들은 마땅히 이러한 생각을 가지고 향교에서 양로 예식을 거행해야 하고, 향음주례를 거행하여 효제의 마음을 불러일으켜야 한다. 혹시 외적의 침임으로 난리를 겪을 때 국가를 위해 목숨을 바친 사람이 있다면 그들의 고아도 돌보아 고아를 구휼하는 뜻을 펼쳐야 제도가 제대로 갖추어졌다고 할 수 있다. 난리가 지난 지 오래되었으면 창의(倡義)한 집안의 자손을 두루 찾아보고 학궁에서 잔치를 베풀어 주는 것도 충성을 권장하는 요긴한 방법일 것이다.[31]

양로 행사와 더불어 중요한 향례의 일종으로 간주된 것은 마을 어른을 어른으로 대우하고 존경하기 위한 향음주례와 향사례 예식들이었다. 다산은 "수령이 9월에 양로의 예를 시행하여 노인을 노인으로 대접하는 도리를 가르치며, 10월에 향음의 예를 시행하여 마을 어른을 어른으로 대우하는 도리를 가르치고, 2월에 향고의 예를 시행하여 고아를 돌보는 자애로움의 도리를 가르쳐야 한다."라고 말한다.[32] 『목민심서』「예전」'홍학(興學)' 조항에서는 지방 수령이 향음주 예식 절차에서 주인 자리에 서고 마을의 선비 가운데 어진 자를 선발해서 손님(賓)의 자리에 세워서 향음주례를 시행하는 상세한 절목을 소개하고 있다. 그가 보기에 향사례는 향례 중 가장 번거롭고 까다로워서 예식 절차를 따라 시행하기가 어렵지만 정조의 『향례합편(鄕禮合編)』을 기준으로 여러 사례를 함께 참작하면 큰 문제가 없을 것이라고 보았다.[33] 이처럼 양로, 향음, 향고, 향사 등 대표적 향례들을 주기적으로 시행함으로써 지방 수령이 백성에게 효제자 덕목을 가르치도

유학자 정약용의 예치 시스템과 인륜 개념

록 한 것은 바로 이 효제자의 윤리 덕목을 가정에서부터 향촌, 국가 모든 영역에서 실천하도록 함으로써 유학자로서 다산 자신이 희망하는 인륜에 기초한 유교적 도덕 공동체를 구현할 수 있다고 믿었기 때문이다.[34] 정약용이 생각했던 유교적 공동체의 성격과 운영에 대해서는 다음 장에서 좀 더 언급하겠다.

『목민심서』서문에서도 밝혔듯이 정약용은 백성이 자신의 심리적 변화를 위한 '수신(修身)'만 신경 쓰면 되는 반면 위정자는 이에 덧붙여 '치민(治民)'의 학문을 더 배워야 한다고 보았다. "백성을 다스리는 것이 바로 목민이므로, 군자의 학문은 수신이 절반이요, 백성을 다스리는 것이 절반이다."[35] 이런 발언은 결국 위정자의 사회적 역할과 지위가 백성의 그것과 다르다고 본 점, 따라서 그들에 대한 사회적 대우와 예제 역시 다를 수밖에 없다고 본 점을 함축한다. 다산이 매우 중시한 '변등(辨等, 사회적 신분 등급의 구별)' 논리가 『목민심서』「예전」의 다음 대목에서 강조된 것도 바로 이런 점 때문이다.

등급을 구분함은 백성을 안정시키고 그 뜻을 정향시키는 요체다. 등급과 위엄이 명확하지 않아서 위계가 문란해지면 백성이 흩어지고 기강이 사라진다. (……) 상하 등급을 명백히 하는 것은 성인이 세상을 통솔하고 백성을 안정시키는 대권이다.[36]

우리 습속에도 변등이 엄격해서 상하가 각각 분수를 지켰는데 최근 이래 작록(爵祿)이 한쪽으로 치우쳐 귀족이 쇠잔해지자 호리(豪吏), 호맹(豪氓)이 이 틈을 타서 기세를 부리고 이들의 집과 말 치장의 화려함과 의복과 음식의 사치함이 모두 법도를 넘게 되었다. 아래가 위를 능멸하여 위는 시들었고 등급이 사라지게 되었으니, 장차 어떻게 사회를 유지하고 결합해서 원기를 북돋우고 혈맥을 통하게 하겠는가. 변등이 오늘날의 급선무다.[37]

내가 오랫동안 민간에 살면서 수령에 대한 비방과 칭찬이 모두 변등에서 나오는 것을 알았다. 수령으로서 애민(愛民)한다는 이들이 편파적으로 강한 자를 억누르고 약한 자를 도와주는 것을 위주로 삼는다. 귀족을 예로써 대우하지 않고 오로지 소민(小民)만을 두둔할 경우 오히려 원망이 비등할 뿐만 아니라 풍속도 퇴폐해지니 절대로 그렇게 해서는 안 된다.[38]

정약용은 위의 『목민심서』 '변등' 조항에서 유교 사회에서 어떤 방식으로 신분 등급을 구분하고 위계를 설정했는지 설명하고 있다. "옛날 천하 국가를 다스리는 데 그 대의가 네 가지 있었다. 첫째는 가까운 이를 친애하며(親親), 둘째는 존귀한 자를 존귀하게 대우하고(尊尊), 셋째는 어른을 어른으로 모시며(長長·老老), 넷째는 어진 자를 어질게 대우하는 것(賢賢)이다. 가까운 이를 친애하는 것이 인(仁)이고, 존귀한 자를 존귀하게 대우하는 것이 의(義)이며, 어른을 어른으로 모시는 것이 예(禮)이고, 어진 자를 어질게 대우하는 것이 지(知)다. 혈연 간의 친친 이외에 벼슬과 나이와 덕행이 곧 삼달존(三達尊)이 되는데, 이것이 바로 고금에 통용되는 원칙이다."[39] '친친'이라는 혈연적 유대 관계의 원리를 제외하면, 다산이 차등적인 사회적 신분 등급의 구별 원리로 제시한 것은 세 가지 보편적인 존경의 원리(三達尊)인 벼슬(官爵), 나이(年齒), 덕행(孝弟)이었다. 당대 현실에서는 한계가 많았

유학자 정약용의 예치 시스템과 인륜 개념

지만 명목상 과거를 통해 관(官)에 진출하는 것이 노비를 제외한 양인 모두에게 허용되었던 점을 고려하면, 유학자 정약용이 사회적 등급과 위계를 정하는 기준으로 제시한 세 가지 항목은 세습이나 선천적인 제약과는 별 관계가 없는 요소였다고 볼 수 있다. 벼슬하여 높은 관직을 가진 자에 대한 예우는 이 가운데 포함되는 사례로서 소개된 것이다. 천자와 제후, 고위 관료라고 해도 반드시 다른 구성원들에게 효제자의 윤리적 모범이 됨으로써, 다시 말해 덕행과 학행에 있어서 전범이 됨으로써 비로소 자기 지위의 세습성(군주)과 국가 관직의 공적 의미(사대부)를 정당화할 수 있다고 본 점도 재고할 필요가 있을 것이다.

4 예와 형벌의 긴장 ── 정약용 형법서 『흠흠신서』의 위상

공자는 『논어』 「위정」 편에서 덕(德)과 예(禮), 형벌(法)의 관계를 설명한 적이 있다. 강제적 행정 명령을 의미하는 정(政)과 마찬가지의 강제적 처벌 방식인 형벌(刑)의 문제를 신랄하게 비판한 뒤 공자는 예와 덕으로써 정치할 때 비로소 백성이 자발적으로 따른다는 점을 강조했다.[40] 법가 사상가 다수를 배출했던 유학자 순자도 예와 형벌이 대민 통치의 두 가지 중요한 기준이지만, 이 가운데 예가 분별과 경계의 근본이 된다고 주장했다.[41] 순자는 선한 자는 예로써, 불선한 자는 형벌로써 대우해야 한다면서 역할을 구별하기도 했다.[42] 선진 시대의 유학자들이 형법(벌) 그 자체를 강조한 경우는 별로 없었고,

도덕과 예치(禮治)의 실현을 위한 보조 수단으로 이해했던 것을 알 수 있다. 『논어집주』 해당 조목에 대한 주희의 설명을 참조하면, 삼자 관계에 대한 주자학적 입장을 확인할 수 있다. "정(政)이란 정치를 하는 도구(수단)이고 형벌(刑)이란 정치를 돕는 방법이다. 덕과 예는 정치가 그것으로부터 나오는 근본인데, 양자 가운데 덕이 또한 예의 근본이 된다."[43] 강제적인 형벌과 행정 명령이 덕치와 예치의 수단이나 도구라는 점은 말할 것도 없거니와 나아가 덕과 예 가운데서는 덕이 구체적인 예식 행위와 제도를 수반하는 예보다는 근본적 가치를 가진 것으로 간주되었음을 알 수 있다. 『대학장구』에 대한 주희의 해석이 말해 주는 것처럼 주자학에서는 사람이라면 누구나 자신이 선천적으로 가진 밝은 덕성을 스스로 계발하고 함양해서 성인(聖人) 혹은 군자(君子)가 될 수 있다고 보았기에 타율적 교육이나 정치적 간섭을 부정적으로 여기는 입장이 강했다. 이 때문에 예치보다는 덕에 의한 백성의 자발적 감화를 더 중시했다고 볼 수 있다.

　　그렇다면 조선 시대 지식인 정약용의 입장은 어땠을까? 형벌에 앞서 덕과 예의 의미를 강조했던 점에선 그도 주자학자들과 대동소이하다. "덕이란 인륜을 진실하게 실천하는 것이니 효제자(孝弟慈)가 바로 그것이다. (……) 선왕이 정치한 방식은 왕 자신이 먼저 효도하고 공경하여 세상을 이끌었으니 이것을 일러 '덕으로써 지도한다'고 말한다. 그런데 덕은 모호하고 애매한 것이 아니다. 덕으로써 지도할 때도 역시 형벌(刑)을 함께 쓴다. (……) 먼저 (부모형제자 사이의 관계에서) 오전(五典)을 가르치고, 가르침을 따르지 않는 이에 대해 형벌로 단죄했다. (……) 이 사례들은 덕으로써 지도한 뒤에 따르지 않는

　　　　　　　　　　　유학자 정약용의 예치 시스템과 인륜 개념

자에 대해서 형벌로 논죄한 것이다."⁴⁴ 이 대목에서 다산이 '덕주형보(德主刑補)'의 관점을 피력한 것을 알 수 있다. 덕이 기본이 되며 덕에 대한 자발적 교육과 함양이 제대로 이루어지지 않을 때 형벌이 필요하다고 본 것이다. 예와 법의 관계에 대해서는『경세유표』의 초본 '방례초본인(邦禮草本引)'에서 잘 드러난다.⁴⁵ 그는 자신이 추구하는 것은 결코 법이 아니며 예라는 점(禮主刑補)을 강조했다. 그렇다면 정약용은 효제자의 덕과 차등적인 예치 시스템의 관계에 대해선 어떻게 생각했을까? 덕 개념의 윤리적 보편성에도 불구하고 정약용이 정치적으로 변등의 논리를 강조한 것을 보면 예(禮)에 대한 그의 우선적 관심을 부정하기는 어려워 보인다.

정약용은 평생에 걸친 유교 경전 해석 작업을 통해 국가례, 왕조례, 향례, 가례 등에 이르는 거대한 '예(禮)의 공화국'을 설계했던 인물이다. 이 점에서 보면 그는 덕 개념에 대한 섣부른 윤리적 관심보다는 오히려 단계별 학습과 교육, 인격과 신분에 따른 차등적 대우와 절차를 제시한 예 개념에 좀 더 주목했던 것으로 보인다.『흠흠신서』에서 다산이 법 조항의 엄격한 적용을 강조한 많은 사례들은 유교 사회에서 각 개인이 처한 지위와 신분, 상황에 어긋나는 행위들, 즉 예에 맞지 않는 무례(無禮)한 사건들을 처벌하고 교정하기 위한 의도를 반영한 것이라고 볼 수 있다. 정약용은 조선 시대의 과도한 도덕 교육, 즉 효제자의 덕에 대한 지나친 교육과 통제가 오히려 무지하고 맹목적인 백성으로 하여금 상대방과의 상하귀천, 친소존비 관계를 따지지 않고 과격하고 극단적인 방식으로 자신들의 선천적 감정을 표출하도록 종용했다고 우려했다. 이처럼 효제자 광풍으로 인해서 누구나 도덕군자, 열부·열녀를 자처하던 당시 상황에서, 다산은 차등적이고 변별적인 예치 시스템을 제안함으로써 백성들로 하여금 정당한 방식으로 예에 맞게 감정을 표현하고 행위하도록 가르쳐야 한다고 보았고 만약 자발적 교육과 예치에 따르지 않을 경우 엄격한 형벌로 처벌해야 한다고 본 것이다. 아무나 손쉽게 도덕의 수호자, 강상(綱常) 윤리의 실천 주체가 될 수 없다고 보았기 때문이다. 따라서 정약용이 『흠흠신서』에서 강조한 엄격한 형벌과 징계는 예치 시스템의 차등성과 변별성을 보완하고 유지시키기 위한 수단이었다고 볼 수 있다.

정약용은 범죄 사건의 원인을 명확하게 분석하기 위해 세종 연간에 반포된 대표적인 법의학 서적 『무원록』의 정보와 내용을 수시로 활용했다.[46] 이 때문에 정약용이 조선 시대에 드물게 과학 수사의 중요성을 인식했고, 누구보다 엄정한 판결 의지를 갖고 있었다는 인상을 남겼다. 그런데 다산이 법의학 지식을 동원한 것은 객관적인 물증이나 과학적 증거를 확보해서 살인 사건이 발생한 원인과 경위를 분석하기 위해서가 아니라, 어떤 살인 행위에 관계된 가해자 혹은 피해자의 심리 상태와 도덕적 수준을 정확히 가늠하기 위해서였다. 살인의 명확한 원인을 규명하는 것은 살인자의 심리 상태를 올바르게 분석함으로써 해당 살인 사건 혹은 자살행위가 윤리적으로 용납될 만한 것인지를 판가름하기 위해 필요했다.[47]

정약용이 곡산 부사로 재직하던 1798년, 황해도 수안군의 창고지기 최주변이 민성주라는 이와 장난치며 놀던 중 싸움이 붙어 민성주의 칼에 찔렸고, 한 달 뒤에 사망했다. 이에 최주변의 아내 안씨가 복수심에 불타 민성주를 칼로 죽이는 사건이 발생했다.[48] 다산은 『무원

유학자 정약용의 예치 시스템과 인륜 개념

록』을 동원하여 민성주가 칼로 찌른 행위는 최주변을 죽음에 이르게한 직접적 원인이 아님을 밝히고자 했다. 칼에 찔려 복사뼈 아래 난상처는 약소해서 간단한 치료로도 회복할 수 있었는데, 최주변이 한달 이상 쌀섬을 나르는 등 과로하면서 몸을 혹사했기 때문에 작은 상처가 발등, 발목, 정강이 부위까지 번져서 죽음에 이르렀다고 판단한것이다. 이 경우 다산이 법의학 서적을 활용한 것은, 상처와 구타 정도, 그것이 살인(죽음)에 미친 직간접적 영향을 과학적으로 규명한 뒤에야 비로소 상처를 낸 타인에게 복수할 만한지, 마땅히 죽일 만한 정도인지 판단할 수 있다고 보았기 때문이다. 정약용이 범죄 행위자의마음 상태를 『무원록』까지 동원해서 알아내려 한 것은, 범죄 행위에의해 피해를 받은 사람이 상대에게 정당하게 복수할 수 있는지의 윤리적 문제를 판별하기 위해서였다.

가령 마땅히 원수를 되갚아야 할 정도의 상황이 아닌데도 폭력적으로 복수하고, 강자에게 심각한 타격을 받거나 강자의 위핍으로 약자가 죽을 만한 정도의 정황이 아닌데도 약자 스스로 자기방어 차원에서 자살하거나, 성적 피해의 정도가 약한데도 절개와 지조를 내세워 스스로 죽음을 택하는 부녀가 늘어나는 등 다양한 복수 행위가 양산되는 것을 정약용은 깊이 경계했다. 그는 『목민심서』에서 같은 우려를 표명한다. "스스로 물에 빠져 죽었는데도 남이 빠뜨려 죽였다고하고, 스스로 목매 죽었는데도 목 졸라서 죽였다고 하며, 스스로 찌른것을 남이 찔러 죽였다고 하며 (……) 스스로 병이 든 것을 구타당해속이 상했다고 하는 이런 일들이 너무 많다. (『무원록』 등) 법서(法書)를 참조하면 시신의 형태와 증상이 각기 다르니 판별하기 어렵지 않다."⁴⁹ 이런 상황에서 다산이 법의학서의 활용을 강조한 것은 어떤 살인 행위에 수반되는 복수의 의미가 올바른지, 복수 행위(자살 포함)가 지향하는 효제자 혹은 충효열의 감정이 정당한 것인지 판별하는 것이 목적이었다.

정약용은 진정한 충효열의 마음과 그렇지 못한 위선적 마음을 구별해야 한다고 보았고, 이러한 윤리적 감정을 실현하는 것도 인륜 관계에서 지위와 처지에 따라 달라야 한다는 점을 강조했다. 예가 가지는 상호 구별의 원리에 따라 차등적으로 자신의 감정을 구현해야 한다고 본 것이다. 부모 자식, 형제 동기, 부부, 시동생·형수, 시누이·올케, 고부지간, 무복친의 동족 등 여러 친소존비 관계에 따라서 윤리적 감정을 실현하는 정도와 수위가 달라져야 하는데, 이런 차등적 정황을 고려하지 않고 부모를 위해 무조건 과격하고 폭력적으로 복수하거나 자신의 절개와 의리를 지키지 못했다고 자결이라는 극단적인 선택을 하는 것은 참된 윤리적 감정도 아닐 뿐만 아니라 덕에 대한 과도한 집착과 강박으로 인해 예(禮)에도 맞지 않는 행위를 저지르는 것이라고 심각하게 우려하고 있다.

다음의 살인 사건도 마찬가지 문제를 안고 있다. 1783년 황해도 금천에서 이이복의 아내 임씨가 다른 남자와 간통하자 시동생 이이춘이 분노해서 형수의 간통남 김영철을 때려죽인 사건이 일어났다.⁵⁰ 문제는 남편 이이복이 아니라 시동생 이이춘이 형수의 간부를 살해한 점이다. 『대명률』과 『속대전』은 아내와 간통한 남자를 남편이 현장에서 죽이거나 출가 전의 딸과 간통한 남자를 아버지가 죽이는 것을 허용했지만, 시동생이 형수의 불륜에 대한 처벌권을 가질 수 있는

유학자 정약용의 예치 시스템과 인륜 개념

지에 대해서는 판단 근거가 명확하지 않았다. 정조는 『속대전』에서 어머니와 간통한 남자를 현장에서 자식이 죽이면 정상 참작하여 유배 보낸다고 한 조항을 예로 들어 이이춘의 살인 행위에 감형을 적용, 유배하라고 명령했다. 하지만 정약용은 이런 조치를 신랄하게 비판한다. 아내와 간통한 남자를 남편이, 미혼의 딸과 간통한 사내를 아버지가, 어머니와 간통한 남자를 자식이 죽일 수 있다고 한 것도 문제지만, 여기서 더 나아가 형수와 간통한 사내를 시동생이 죽일 수 있다고까지 허용해서는 결코 안 된다고 본 것이다. 열(烈)의 가치를 추구하고 관철하는 것이 당사자들의 관계와 처지에 따라 달라야 한다고 보았기 때문이다.

다산은 시동생·형수, 시누이·올케처럼 친소 관계가 멀어지는 사건에 대해서는 말할 것도 없고, 부모형제자 간의 살인 사건에서도 부모 자식과 형제 동기간에 감정을 표현하는 수위가 다를 수밖에 없다는 점을 강조한다. 1774년 황해도 신천에서 김몽득이 여동생 김대아를 칼로 찔러 죽인 사건이 있었다. 미혼의 여동생이 간통하여 정조를 잃었다고 분개한 오빠가 여동생을 살해한 것이다.[51] 10년이 지난 1874년 정조는 고심 끝에 김몽득을 석방토록 명했다. 이에 다산은 집안 처녀의 음행을 미천한 자들 모두 도덕적 수치로 여기기 때문에 어리석은 백성이 음란한 누이를 마음대로 죽여도 된다고 '잘못' 알았다고 논평했다. 그는 정조가 김몽득을 사면한 것은 여동생의 음행을 미워한 오빠의 공분, 즉 정당한 분노를 감안한 것이라고 보면서도, 부모조차 함부로 죽일 수 없는 자식을 오빠가 나서 죽인 것은 성급한 행위이며 음행·불륜 문제에서는 보다 신중히 대처해야 한다는 점을 역설

한다. 강상 범죄에 포함된 음행 관련 사건에서도 부부, 형제, 시동생·형수 간에 열(烈)의 덕목을 달성하려는 도덕 심판자들의 응징 정도가 인륜 관계 및 정황에 따라 달라야 한다고 생각한 것을 알 수 있다.

모든 사람에게 공통적으로 적용될 만한 보편적인 윤리 덕목을 어떻게 하면 상황에 맞게 차등적으로 혹은 제도에 맞게 구현할 수 있을까 하는 문제가 유학자로서 다산에게 중요한 문제였을 것이다. 그는 자신이 구상했던 예치 시스템을 통해 사회적 등급 혹은 개인의 인품과 수준에 맞게 상이한 방식으로 충효열의 윤리적 감정을 발현할 것을 기대했다. 이미 순자 때부터 강조한 것이지만, 예라는 것은 분(分)과 변(辨)을 통해 권력, 지위, 역할, 재화 등을 차등적으로 분배하는 것을 목적으로 했다. 순자는 "귀천에 등급이 있고, 장유에 차이가 있고, 빈부 경중에 모두 상이한 호칭이 있다."라고 말한다.[52] 다산에게도 예치의 차등성이 얼마나 중요한 사안이었는지는 앞서 본『목민심서』「예전」'변등' 조항을 통해 엿볼 수 있다. 정약용도 "사람의 부류에 귀천이 있고 귀천 간에 마땅히 등급을 나누어야 한다(族有貴賤, 宜辨其等)."라고 말한다. 그런데 여기에서 다산이 말한 귀천의 구별은 군신(君臣)이나 주노(奴主)와 같은 바꿀 수 없는 절대적인 '명분(名分)' 차이를 말한 것이 아니었다.[53] 다시 말해 과거 유교 사회에서 군주와 신하(신민), 주인과 노비의 관계처럼 확고하게 세습되는 신분 등급을 말한 것이 아니라, 앞서 말한 '삼달존'을 등급 구별의 중요한 기준으로 제시했다는 말이다.[54]

당시 상황을 고려하면 관직 수의 한계로 인해 사회 구성원의 등급을 벼슬의 유무로만 변별하기가 점차 어려워졌고 오히려 덕행, 학행 등 보다 추상적인 윤리적 가치로 소민·토족과 다른 사족층의 정체성을 변별하려는 경향이 늘었다고 볼 수 있다. 정약용 자신도 군자의 자손은 학문을 쌓고 예를 지키면 비록 벼슬이 없더라도 귀족이라고 불릴 수 있는데, 양민과 노비들이 이들 사족을 무시하는 것이 큰 병폐라고 지적했다.[55] 정약용이 우려했듯이 18세기에는 노비제 개혁을 통해 노비들이 대거 속천(贖賤)하면서 양인의 수가 늘었고, 경제적 변화에 따라 소민이 중인을, 중인이 사족층을 흉내 내면서 '양반화'하려는 경향이 증대했다. 「효자·열부론」에서 정약용이 효자·열녀의 범람 현상을 비판했던 대목에서도 엿볼 수 있듯이 이러한 현상은 백성들이 효제충신 등의 윤리 덕목에 과도하게 집착하고 자신의 신분과 처지, 상황에 맞지 않게 과도한 예제를 실행함으로써 빚어진 결과였다고 볼 수 있다. 더 이상 예가 백성 간의 구별과 차등화의 원리로서 기능하기 어려운 상황이 되어 버린 것이다. 따라서 정약용이 엄격한 법리 해석과 형벌 적용을 강조한 것은 무너져 가던 차등적인 예치 시스템을 정상 가동하면서 사회적으로 타당한 변등의 질서를 회복하기 위한 과정이었다고 볼 수 있다.

5   감정과 행위의 매개 원리, 친친과 존존

정약용이 정당한 윤리적 행위를 판단하는 문제에서 인간 마음의 심리적 동기를 얼마나 중시했는지는 유학자로서의 정의 관념이 잘 반영된 『흠흠신서』를 통해 그 내막을 살펴볼 수 있다. 사건 판결의 기본 원리와 근거를 밝힌 『흠흠신서』 제1편 「경사요의(經史要義)」에서 다산은 고의가 아닌 실수, 즉 우연한 불운이나 재난 혹은 전혀 의도치 않은 상황에서 타인을 죽게 만든 과오살(過誤殺) 현상에 주목했다. 유교적 의미의 사법 체계에서 형벌이란 범죄자의 마음을 처벌하여 수치심을 느끼게 하는 데 목적이 있었기 때문에 살인이나 범죄 행위 자체에 주목하기보다는 그런 행위를 일으킨 자의 내면적인 심리 상태에 관심을 가졌다. 행위가 아니라 행위자의 마음, 즉 심리 상태에 살인의 고의가 있었는지 없었는지, 내면의 동기를 파악하는 데 주목하다 보니 판결 결과가 주관적이라고 비난받을 소지가 다분했지만, 이런 현상만큼 유교화된 형법의 특징을 잘 보여 주는 사례도 없을 것이다.

다산은 범죄 행위 자체는 무거워도 마음의 의도가 선하다고 판명되면 용서하고, 범죄 행위는 가벼워도 마음의 의도가 악하면 그 행위자를 무겁게 처벌해야 한다고 역설했다.[56] 가령 상대가 도둑인 줄 잘못 알고 쫓아가다가 그 사람을 죽였는데 알고 보니 죽은 사람이 사실 도둑이 아니었을 경우, 그처럼 상식적으로 도둑인 것 같아 보였던 사람을 죽게 만든 행위에 대해 정약용 같은 유학자들은 심각한 살인죄의 형벌을 감형하거나 사면할 수도 있다고 보았다.[57] 죽은 사람이 진짜 도둑처럼 보이는 행실을 했기 때문에 그 사람을 쫓아가 죽인 자는 아무나 죽이려고 의도했던 것이 아니라 죽어 마땅할 만한 도둑을 제거하려는 정당한 징벌의 의지를 가졌다고 볼 수 있고, 따라서 정당한 윤리적 동기에 촉발되어 행위했던 것이기 때문에 그런 행위의 결과에 대해서도 어느 정도 용서받을 수 있다고 판단한 것이다.

이처럼 정약용이 죄 없는 사람이 도둑으로 몰려 살해된 행위 자체를 처벌하는 것이 아니라 죄가 있다고 심정적으로 간주된 어떤 사람을 정당하게 징벌하고자 한 가해자 마음의 진정성, 즉 윤리를 준수하려는 행위자의 도덕적 동기나 윤리적 마음에 주목했기 때문에 억울하게 죽은 사람에 대한 사회적 책임을 방기하고 자의적인 판결을 내렸다고 비판을 받을지도 모른다. 하지만 다산 같은 유학자들이 결과적 책임을 무시하고 행위자의 내면적인 심리 상태에만 주목했다고 보는 것은 인상 비평에 가까운 것일 수 있다. 가령 유사한 동기를 품고 동일한 살인 행위를 저질러도 유학자로서 다산이 내린 결론은 판례에 따라 차이가 크기 때문이다. 남녀 혹은 부부 간에 지조와 의리를 지키거나 부모 자식 간에 친애의 감정을 유지하기 위한 복수형 살인 행위에 대해서 정약용은 사안마다 다른 판결을 내리는 것이 타당하다고 보았다. 이 말은 행위자의 내면적 심리 그 자체가 아니라 이 행위자가 누구와 관계 맺고 있는지, 즉 사건 행위자와 대상과의 친소존비, 상하귀천의 관계에 따라서 다른 결과와 책임을 감당해야 한다고 본 것을 알려 준다.[58] 이들 유교 지식인들은 윤리적 행위라는 것이 일괄적으로 제공될 수 없고, 행위자가 어떤 대상과 관계하는 사건인지에 따라서 결과를 책임지는 수위와 정도가 달라질 수밖에 없다고 보았기 때문에 획일적으로 형벌을 적용하기 어렵다고 판단했다.

가령 부모에 대한 친애(친친)의 감정을 극화해서 강조한 전형적인 사례로 『논어』 「자로」 편의 "오당유직궁자(吾黨有直躬者)" 조항과 『맹자』 「진심」 편의 도응과 맹자의 문답[59]에 대한 정약용의 해석을 예로 들 수 있다. 먼저 다산 『논어고금주』의 해당 조항 설명을 살펴보면, 부모가 위법한 행위를 저지른 경우 자식이 할 수 있는 유일한 행위는 울면서 간곡한 마음으로 간언하는 것일 뿐 결코 자기 부모의 뜻을 거스르는 일을 할 수 없다는 점을 강조했다.[60] 또『맹자』「진심」편에서 제자 도응의 가상 질문에 대한 맹자의 대답을 두고 정약용은 신하인 고요가 어떻게 순임금을 핍박해서 사람을 죽인 순임금의 아버지 고수를 원리 원칙대로, 즉 법조문대로 처리할 수 있겠느냐고 반문하면서 가장 높은 신분의 자리에 있는 임금의 부모를 어떻게 함부로 처벌할 수 있겠느냐는 입장을 표명했다.[61]

하지만 유학자로서 정약용이 교과서적인 답안만 제시한 것은 결코 아니다. 그는『논어』「술이」편의 다른 조목에서는 공자가 고민한 괴외(蒯聵)와 괴첩(蒯輒) 간의 왕위 승계 문제에 대해 위와는 전혀 상이한 관점을 피력하고 있다. 중국 고대 위나라 태자였던 괴외는 음란한 어머니의 행실을 몹시 부끄럽게 여겨서 모친을 살해하려는 계획을 세웠다가 발각되었다. 이 일로 인해 괴외는 아버지 위령공에게 축출되어 왕위를 계승하지 못했고, 위령공의 사후 괴외의 아들인 괴첩이 할아버지의 명령을 받아서 손자로서 대신 위나라의 왕위를 이어받았다.『춘추공양전(春秋公羊傳)』과『춘추곡량전(春秋穀梁傳)』에서는 모두 아버지의 명령보다 조부의 명령이 중요하며 집안(私)의 사적인 문제보다는 나라(公)의 문제가 더 중요하기 때문에 위령공의 손자 괴첩이 왕위를 승계한 것은 정당하다고 평가했다.[62] 하지만 다산은 실제 공자의 뜻대로 할 수 있었다면, 망명 간 괴외를 다시 불러들이고 그의 아들 괴첩은 왕위를 사양하게 했을 것이라고 논평했다.[63] 심지어 정약용은 손자 괴첩의 승계를 정당화한『공양전』과『곡량전』의 해명을 강도 높게 비판했다. "춘추시대에 아비로서 축출된 자는 모두

유학자 정약용의 예치 시스템과 인륜 개념

그 나라의 군주가 되지 못했고, 그 어버이를 죽이려고 모의한 자는 모두 군주가 되지 못했단 말인가. 오옥(五玉)을 잡은 제후라는 자로서 이 당시에는 도도한 물결처럼 모두들 그러했을 뿐인데 유독 괴외만을 특히 용서할 수 없는 자로 삼았느니 어찌 이것이 정당한 공론이겠는가."[64] 이런 발언에서 정약용이 어머니를 시해하려고 했던 아들 괴외의 행위를 비호하는 것은 아닌가 하는 생각이 들 정도다. 그 당시 대다수 사람들이 그러했으므로 모친을 살해하려고 도모한 아들 괴외의 행위도 특별히 이상할 것이 없고, 괴외가 결국 종통을 이을 자격이 된다고 본 다산의 의중을 엿볼 수 있다. 제후국 간의 빈번한 전쟁 상황을 고려해서 정약용이 자식의 부모 살해 의도를 시대적 맥락에서 이해할 수 있다고 본 태도가 오히려 이상해 보일 정도다.

이 문제는 정약용이 부모에 대한 자식의 효도의 감정 혹은 자식에 대한 부모의 자애로움의 감정을 그 자체로서 윤리적으로 확고한 선천적 가치라고 보지 않았고, 효제자의 감정이 관계 맺은 사람과 사람 사이의 차이와 상황에 따라 상이한 방식으로 구현되어야 비로소 의미가 있다고 본 것을 알려 준다.『논어』에 나오는 "은근하게 간함(幾諫)"[65] 조항에 대한 정약용의 발언을 하나 더 살펴보자. 송나라 유학자 주희는 부모에게 잘못이 있을 때 자식은 온화한 얼굴로 은근하게 간언해야 하며, 끝내 부모가 자식의 간언을 받아들이지 않는 경우 자식은 화내거나 원망해서는 안 되고 오히려 더욱 공경하는 마음 자세로 부모의 뜻을 어기지 않으려고 노력해야 한다고 했다.[66] 하지만 정약용은 이와는 다른 방식으로 이 조목을 풀이한다. "한번 간언해 보고 나서 부모가 자기 뜻을 따르지 않는다고 생각하여 마침내 부모의 명령에 그대로 순종하고 만다면, 이것은 도리어 부모를 악(惡)에 빠뜨리는 일이 되고 만다. 공자의 말뜻은 한편으로 부모의 명령을 따르지 않는 자식의 의지를 보여 주면서, 다른 한편으로 잠시 동안 부모의 명령을 어기지 않은 채 순순히 기다림으로써 결국 부모 자신으로 하여금 자식의 뜻을 살펴서 분명히 깨닫도록 하여 부모 스스로 그 일을 그만두게 되기를 바란 것이다."[67] 유교 지식인으로서 정약용은 군자가 하늘을 원망하지 않고 사람을 탓하지 않으며, 특히 임금과 부모를 원망하지 않는다는 점을 인정했다. 하지만 그럼에도 군자는 적절한 원망의 의미와 방법을 알고 있기에 임금과 부모의 잘못이 매우 클 때는 반드시 그들을 원망하고 간언해야 한다고 보았다. 만약 부모의 잘못이 큰데도 원망하거나 간언하지 않으면 오히려 이것이야말로 부모를 멀리하면서 불효하는 것이라고도 말한다.

정약용은 군자가 자신의 원망이 비방이나 헐뜯는 일이 되지 않도록 조심하면서 구체적인 상황에 맞게 적절히 상대방을 원망할 수 있어야 하고 이렇게 원망의 감정을 적절하게 표현함으로써 결국 상대방을 멀리하지 않고 다시 친애할 수 있게 된다고 보았다.[68] 정조와 문답했던 정약용의 시경강의(詩經講義) 발언을 함께 살펴보자. "부모의 뜻에 성실히 따라도 부모가 계속 내치기만 할 경우 아무 원망도 가지지 않고 순종하면서 그 내침을 받아들인다면, 그리고 자식으로서 자신의 도리만 다 하면 될 뿐이라고 생각한다면, 이것이야말로 도리어 부모에 대해 길거리 돌처럼 냉담하고 무정한 사람이 되고 마는 것이다." 마음속의 감정을 때와 상황에 맞게 적절한 방식으로 어떻게 표출하느냐가 중요한 관건이었음을 알 수 있다. 그리고 이러한 내면

유학자 정약용의 예치 시스템과 인륜 개념

적 감정을 적절한 행위로 표현되도록 해 주는 가장 중요한 수단이 예(禮)였던 것은 두말할 필요도 없을 것이다. 유학자들에게 예라는 것은 인간의 다양한 내성적 욕구와 감정을 윤리적으로 완성해 주는 가장 중요한 매체이자 수단이었다고 볼 수 있다.

정약용에 따르면 어떤 감정들은 그것이 효제자와 같은 지극히 바람직한 감정으로 간주된 경우에도 그 자체로서 온전히 선하다고 평가받을 수 없었고, 반드시 적절한 예식 절차와 행위를 통해 구현될 때 비로소 도덕적으로 선하다는 평가받을 수 있었다. 이때 이상적인 내면적 감정(moral emotion)과 윤리적 행위(moral action=moral performance=rituals) 사이를 매개하는 중요한 판단의 원리가 앞서 말한 인륜의 두 측면인 '친친'과 '존존'이라는 관계 맺음의 원리였다. 효제충신 등 당대 조선 사회에서 윤리적으로 바람직한 감정이라고 간주한 특정한 마음을 적절한 방식으로 표현하도록 해 주는 각종 예제들은, 정약용의 독창적 견해로 만들어진 것이 아니라 대부분 수천 년 동안 내려오면서 축적된 시대의 결과물이었다고 볼 수 있다. 기존에 만들어진 권위 있는 예제들이 변경되거나 폐기되고 새로운 예제가 수립되기 위해서는 매우 복잡하고 지난한 지적 논쟁과 토론, 사유 실험이 요구되었다. 그것은 우리가 생각하는 것 이상의 대립과 반발, 격심한 토론과 지적 투쟁을 요구했던 일이다. 가령 『주자가례』를 대신할 만한 조선풍의 가례서(家禮書)라고 평가받고 있는 정약용의 『사례가식(四禮家式)』 중에는 『가례작의(嘉禮酌儀)』가 수록되어 있는데, 여기에서 다산은 유학자로서 본인이 경험했던 새로운 예제 성립 과정의 어려움을 솔직하게 토로한다.

제례(祭禮)를 바로잡기 어려운 것은 나라의 정해진 풍속을 쉽게 바꿀 수 없기 때문이다. 상례(喪禮)를 바로잡기 어려운 것은 집안 부형과 종족들의 의론이 분분하게 많기 때문이다. 혼례(婚禮)를 바로잡기 어려운 것은 양가 집안에서 좋아하고 숭상하는 것이 서로 같지 않기 때문이다. 그런데 관례(冠禮)만은 바로잡아서 정돈하기가 가장 적절한데 이것은 관례의 결정이 온전히 그 집 주인에게 달린 문제라서 누가 감히 그를 제어하지 못하기 때문이다. 다만 고례(古禮)에 나오는 관례는 의식 절차가 복잡하고 번거로워서 오늘날 사람들이 이것을 따라 행하기가 쉽지 않다.『주자가례』는 고례에 비해 간소하지만 관복 제도가 (중국과 조선이) 달라서 사람들이 이 점을 문제로 여긴다.[69]

제사 의식을 변경하는 것은 국가 정책과 관련된 일이므로 한 가문의 사족이 함부로 변경하기 어려운 점이 있고, 상례도 집안 내부에서 여러 부형·자제들의 여론이 분분하기 때문에 유덕한 한 사람의 선비가 자기 소신대로 예제 모델을 발의하여 쉽게 개정할 수 없다는 말이다. 또한 혼례조차도 두 집안이 연루되어 있기 때문에 일방적으로 한쪽 집안에서 변경할 수 없는데, 다만 자식의 성인식을 올리는 관례에 있어서만 그 부모가 나름대로 주관하고 변경할 여지가 있었다는 점을 토로하고 있다. 가례(family rituals)의 부분적인 개정을 위해서도 이처럼 상당한 진통과 논의 과정이 필요했다는 것을 짐작할 수 있다. 따라서 우리가 서구적 관점에서 예상하는 민주적 의사 결정 모델 같은 특정한 형식과 논리에 구애받지 않는다면, 유교 사회에서 유학자들이 가문의 상례와 혼례 등 예식 절차를 어떻게 심의하고 변경하고

유학자 정약용의 예치 시스템과 인륜 개념

새로운 예제를 제안하면서 수용했는지, 그 구체적인 토의와 심의 과정을 밝히는 것이 반드시 필요한 연구 과제라고 생각한다.

가례서는 기본적으로 한 집안에서 후손들이 조상의 상례와 제례를 치르거나 혹은 자손의 혼례 및 관례를 시행하기 위해서 꼭 필요한 예식 절차와 의절을 수록해 놓은 자료이다. 사례(四禮, 관혼상제)는 우선적으로 자기 가문의 행례(行禮)를 위한 것이기 때문에 집안 원로나 연장자가 보다 용이하게 새로운 예식을 제안하거나 수정할 수 있었던 것으로 보인다. 정약용도 방대한 『상례사전(喪禮四箋)』의 내용을 스스로 간추려서 『상의절요(喪儀節要)』를 엮으면서 "동시대에 이것을 공개하는 것은 내가 감히 할 수 없는 일이지만, 우리 집 자손들을 훈계하는 일을 위한 것이라면 어찌 사양하겠는가."라고 의중을 드러낸 다음 마침내 자기 집안의 행례서로 삼기 위해서 『상의절요』를 포함한 다산 방식의 가례서 『사례가식』을 만들었다고 설명했다.[70] 기존 연구에 따르면 이미 17세기 무렵 조선의 주요 학자들 대부분은 가문에서 사용하는 가례에 대한 독자적 양식을 가지고 있었다. 이들은 고대 유학경전의 권위(고례서 해석)에 의존하고 다른 한편으로 예(禮)의 정신이 무엇인지 스스로 성찰하면서 자기 가문에 적용 가능한 새로운 가례 모델을 고민했다. 물론 상당수가 『주자가례』의 예식과 의절에 의존했지만, 다산을 포함한 많은 유학자들이 고례와 『주자가례』, 조선의 풍속을 반영해 자신들의 처지와 상황에 맞게 변경된 가례 규범을 만들어 내는 일에 심혈을 기울였다.

정약용의 『사례가식』도 사례에 대한 기존의 예식을 수정하고 보완하여 집안에서 실천하기 위한 실용 예서의 하나로 만들어진 것이다.[71] 그는 자신의 가례서 내용이 경기도 남인학파의 지도자인 성호 이익(李瀷)의 『성호예식(星湖禮式)』과 비교할 때 지나치게 화려해 보일 수 있다는 점을 염려하면서도 자식들에게 『사례가식』을 준수할 것을 권고했다. 형 정약전에게도 자기 입장을 이렇게 변호한다. "성호 선생의 예식은 지나치게 간소하다는 문제점을 지니고 있을 뿐만 아니라 지금의 풍속과 어긋나고, 고례에도 근거가 없는 것이 이루 헤아릴 수 없을 정도로 많습니다. 이 책이 만일 세상에 널리 유포되어 식자들의 눈에 들어간다면 매우 미안한 일인데 장차 어찌해야 할지 모르겠습니다."[72] 당대 조선 현실에 필요하다고 본 사족층의 가례 규범에 대해서는 같은 학파의 우두머리였던 성호 이익과도 입장을 달리한 것을 알 수 있다.

정약용의 가례서는 중국 고대의 예학 서적, 『주자가례』, 『성호예식』 등 이미 권위를 획득한 기존의 예서들을 비판적으로 독해하면서 다른 한편 자신이 볼 때 예의 정신을 제대로 반영하기 위해 조선 사회에 꼭 필요하다고 생각되는 새로운 예제(禮制)를 반영하여 만들어진 성과라고 할 수 있다. 앞서 인용했듯이 정약용이 만든 가례서의 작성 경위를 보면, 도덕적 감정이라고 인정될 만한 마음을 외부로 발현해서 드러나도록 해 주는 적절한 예제의 수립과 변경 과정은 매우 복잡하고 어려운 절차를 수반했다. 그 절차가 비록 명시적으로 성문화되어 있지 않지만, 유교 지식인들은 '친친'과 '존존'이라는 관계 맺음의 두 가지 원리, 즉 인륜의 의미와 내용을 오랫동안 고민하면서 이 기준에 부합하는 바람직한 예제를 수립하고 변경해 왔다. 유학자로서 정약용의 『목민심서』 역시 지방 향촌에서 백성을 교육하고 계몽시

유학자 정약용의 예치 시스템과 인륜 개념

키기 위한 목민관들의 통치 행위 가운데 향례 문제를 심도 깊게 다루고 있다. 물론 향례는 가례와 왕실례, 국가례 등을 모두 포괄하는 전체 예치 시스템의 일면이었다. 유교 지식인들은 예치 시스템을 끊임없이 숙고하고 성찰하면서 유교적 맥락의 안정된 도덕 공동체를 지향했다고 볼 수 있다.

선천적 도덕 감정
moral emotion=moral motive

1 맹자가 말한 네 가지 마음의 싹, 즉 사단(四端=moral sprouts)이 인간의 마음에 선천적으로 주어져 있다고 믿는다.

2 도덕적 감정, 즉 선천적이고 자발적으로 드러나는 윤리적 감정을 효제자(孝弟慈), 줄여서 효제(孝弟)라고 불렀다.

3 효제자는 부모형제자 간에 드러나는 윤리적 감정을, 충효열은 사회적 타자와의 관계에서 드러나는 감정을 말한다.

4 유학자들은 내면적으로 감지되는 윤리적 감정을 그 자체로 충분히 선하거나 완전한 것이라고 생각하지 않았다.

감정과 행위의 매개 원리,
친친과 존존 = 인륜

1 동아시아 유교 사회에서 정치적으로 가장 강조한 개념은 인륜(人倫)이다. 인륜은 대등한 개인 간의 관계나 집합이 아니라 다른 능력과 성품, 상황에 처한 사람들이 '타당하게' '차등적인' 방식으로 관계 맺는 원리를 말한다. 인간 사이의 관계 맺음을 가능하게 해 주는 인륜의 두 가지 원리가 바로 친친(親親)과 존존(尊尊)이다.

2 친친과 존존은 그 자체로 확정되거나 정해진 원리가 아니며, 인간의 내면적 감정과 사회의 예제를 매개할 때 변동 가능한 원리로 간주되었다.(가령 부모가 살아 계실 때는 친친의 대상으로 여기지만, 돌아가시면 나와 관계가 멀어지기 때문에 존존의 구별 대상으로 여긴다.)

3 유교 지식인들은 친애함의 원리(친친)에도, 존경함의 원리(존존)에도 대상에 따른 차등성이 주어져 있다고 보았다. 이것은 공자의 화이부동(和而不同) 정신을 계승한 것이다. 인륜은 조화(和)를 추구하지만, 조화를 이루는 상대방은 모두 다르기 때문에 나와 너를 동일하게 간주할 수 없다(不同)고 본 것이다.

4 사람 사이에서 자신의 감정을 표현할 때 반드시 차등성과 구별이 있어야 하는데, 그것을 구체적 행위로 표현하게 해 주는 행위 수단이 바로 예제(禮制, rituals)였다. 친친과 존존의 매개 원리는 내적 감정과 구체적인 행위 양식을 연결하는 적절한 관계 맺음의 판단 원리였다.

예제를 통한 도덕 행위 수행
moral performance=rituals

1 유학자들이 제시하는 윤리적 행위는 규칙 의존적인 행위 원칙이 아니라, 상황 의존적인 방법을 제공하는 상황주의(situationism) 논리로 간주되었다.

2 같은 맥락에서 유학자들의 관점은 일반적으로 도덕적 미결정성(moral indeterminancy), 또는 도덕적 직관주의(moral intuitionism)의 문제에 봉착한다고 비판받았다.

3 유교 사회는 예치(禮治) 시스템에 의해 매우 촘촘하게 구성된 사회다. 국가 의례(state rituals), 왕실 의례(royal rituals), 향촌 부락 의례(village rituals), 개인 문중 의례(family rituals) 등이 법망보다 세밀하게 구성돼 있었다. 어떤 도덕 행위를 선택함에 있어 직관적이거나 자의적인 문제보다는 오히려 특정한 의례에 고착될 위험성이 더 컸다.

유학자 정약용의 예치 시스템과 인륜 개념

4 조선 시대 유학자들은 고대 중국의 고례서(古禮書), 『주례(周禮)』, 『의례(儀禮)』, 『예기(禮記)』를 재해석하면서, 선배 유학자들 그리고 문중의 부형자제의 의견을 수렴하고 토의했고, 변화하는 조선의 풍속, 즉 시속(時俗)을 반영하면서 자기 방식의 가례서(정약용의 『사례가식(四禮家式)』 등)를 새롭게 만들었다. 새로운 예제의 수립 과정은 상당한 지적 논쟁과 투쟁을 거쳤다.

백민정 연세대학교 철학과를 졸업하고 동 대학원에서 정약용에 대한 연구로 박사 학위를 받았다. 연세대학교 국학연구원 전문연구원과 성균관대학교 동아시아학술원 연구교수를 거쳐 현재 가톨릭대학교 철학과 교수로 있다. 학위 논문을 발전시킨 『정약용의 철학: 주희와 마테오리치를 넘어 새로운 세계로』로 다산학술문화재단에서 수여하는 우수연구상을 수상했다. 그 밖의 저서로 『강의실에 찾아온 유학자들』, 『맹자: 유학을 위한 철학적 변론』, 『스승 이통과의 만남과 대화: 연평답문』(공저) 등이 있고 역서로 『질 들뢰즈』, 『들뢰즈와 정치』가 있다.

주

17 그 사랑

1　이에 대해서, 그리고 이 이야기의 유래에 대해서는 Ramie Targoff, *Posthumous Love: Eros and the Afterlife in Renaissance England*(Chicago: University of Chicago Press, 2014), pp. 99~105을 참조할 것.

2　인용한 텍스트의 판본은 '뉴케임브리지판'으로 다음과 같다. William Shakespeare, *Romeo and Juliet*, ed. G. B. Blakemore Evans(Cambridge: Cambridge University Press, 2003). 이하 인용한 원문의 위치는 본문에 소괄호로 표기.

3　Friedrich Nietzsche, *Beyond and Evil: Prelude to a Philosophy of the Future*, ed. Rolf-Peter Horstmann and Judith Norman, trans. Judith Norman(Cambridge: Cambridge University Press, 2002), §175, p. 73.

4　Jill Gordon, *Plato's Erotic World: From Cosmic Origins to Human Death*(Cambridge: Cambridge University Press, 2012), p. 6을 볼 것.

5　"일상적인 욕망"이라는 용어는 Elizabeth Belfiore, *Socrates' Diamonic Art: Love for Wisdom in Four Platonic Dialogues*(Cambridge: Cambridge University Press, 2012), p. 2에서 빌려 왔다. 그녀는 "일상적인 욕망" 즉 "성적 대상이나 부(富)나 권력 같은 대상"에 대한 욕망과 "지혜, 미, 선에 대한 강렬한 욕망"을 대비시키면서 이를 "소크라테스적인 욕망"으로 특징짓고 있다. 같은 책 pp. 2~3 참조.

6　Friedrich Nietzsche, *The Gay Science*, trans. Walter Kaufmann(New York: Vintage Books, 1974), p. 333; 프리드리히 니체, 「즐거운 학문」, 안성찬·홍사현 옮김, 『즐거운 학문, 메시나에서의 전원시, 유고』(서울: 책세상, 2005), 378쪽.

7　이에 대해서는 임철규, 『눈의 역사 눈의 미학』(파주, 경기: 한길사, 2004), 31~34쪽을 볼 것.

8　G. W. F. Hegel, *Early Theological Writings*, trans. T. M. Knox(Chicago: University of Chicago Press, 1948), p. 306; G. W. F. Hegel, "Love," *The Hegel Reader*, ed. Stephen Houlgate

(Oxford: Blackwell, 1998), p. 32.

9   Michel Foucault, *The Order of Things: An Archaeology of the Human Sciences*, trans. Alan Sheridan(New York: Vintage Books, 1973), p. 133.

10 임철규, 앞의 책, 265~270쪽.

11 Angelos Terzakis, *Homage to the Tragic Muse*, trans. Athan H. Anagnostopoulos(Boston, Houghton Mifflin, 1978), p. 156.

12 Jacques Derrida, "Aphorism, Countertime," *Philosophers on Shakespeare*, ed. Paul A. Kottman(Stanford: Stanford University Press, 2009), p. 178.

13 배철현 역주, 『타르굼 옹켈로스 창세기』(서울: 한님성서연구소, 2001), 115쪽.

14 Patrick Colm Hogan, "Romantic Love: Sappho, Li Ch'ing-Chao, and Romeo and Juliet," *What Literature Teaches Us about Emotion*(Cambridge: Cambridge University Press, 2011), p. 98.

15 Liah Greenfeld, *Mind, Modernity, Madness: The Impact of Culture on Human Experience* (Cambridge, M.A.: Harvard University Press, 2013), p. 324.

16 G. W. F. Hegel, *Early Theological Writings*, p. 278, p. 307. 헤겔이 "영혼들의 우정"이라 일컬을 때, 그는 '우정'이라는 말을 아리스토텔레스가 『니코마코스 윤리학』에서 논한 '필리아(philia)'를 염두에 두고 쓰고 있다. '필리아'는 전통적으로 '우정'으로 번역되지만, "어머니와 자식 간의 사랑은 '필리아'의 모범적인 사례"이므로 '사랑'으로 번역하는 것이 옳다는 주장도 있다.(Martha Nussbaum, *The Fragility of Goodness: Luck and Ethics in Greek Tragedy and Philosophy*, Cambridge: Cambridge University Press, 1986, p. 354) 아리스토텔레스의 이론에서 '필리아'는 사랑을 하게 될 때 자신을 위해서가 아니라 상대방을 위해서 사랑하게 되면, 이런 사실을 알게 된 상대방은 그 보답으로 그 자신도 자신을 위해서가 아니라 그 상대편을 위해서 사랑을 하게 되는 것(『수사학』 Ⅱ.4. 1380b26~1381a2)을 의미한다. 따라서 이런 '상호성', "둘이 같이 가는 것"(『니코마코스 윤리학』 8.1. 1155a15), "동등성"(『니코마코스 윤리학』 8.5. 1157b32~1158a1)이 '필리아'의 핵심이 되고 있다. 그런데 아리스토텔레스의 '필리아'는 같은 계급, 같은 성, 같은 종족의 남성 사이에서만 가능하다. 여성은 남성과 달리 격조 높은 '필리아'를 행할 능력이 없기 때문에 이 철학자의 '필리아'의 이론에서는 배제되고 있다.(Martha Nussbaum, op. cit., p. 370 이하) 하지만 헤겔은 로미오와 줄리엣 간의 사랑을 '동등성'을 바탕으로 한 '영혼들의 우정'이라 일컬음으로써 아리스토텔레스와 거리를 두고 있다.

17 G. W. F. Hegel, *Early Theological Writings*, p. 307; G. W. F. Hegel, "Love," p. 32.

18 요한 볼프강 폰 괴테, 정서웅 옮김, 『파우스트 2』(서울: 민음사, 1999), 252쪽.

19 Octavio Paz, *The Double Flame: Love and Eroticism*, trans. Helen Lane(New York: Harvest

Books, 1995), p. 26.

20 Stanley Wells, *Shakespeare, Sex, Love*(Oxford: Oxford University Press, 2010), p. 153.

21 Novalis, "Hymns to the Night," *Hymns to the Night and Other Selected Writings*, trans. Charles E. Passage(Indianapolis: Bobbs-Merrill, 1960), p. 6; Simon May, *Love: A History* (New Haven: Yale University Press, 2011), p. 172에서 재인용.

22 Luiz Costa Lima, *The Dark Side of Reason: Fictionality and Power*, trans. Paulo Henriques Britto(Stanford: Stanford University Press, 1992), p. 90.

23 Julia Kristeva, *Tales of Love*, trans. Leon S. Roudiez(New York: Columbia University Press, 1987), p. 233.

24 두 연인의 사랑과 죽음을 다룬 이탈리아의 작품들, 그리고 그 후속 프랑스와 영국의 작품들은 모두 지상에서의 사랑은 끝나지만, 사후에도 그들의 영혼은 죽지 않고 천국에서 다시 합쳐진다고 강조한다. 하지만 셰익스피어는 이런 페트라르카식 전통을 거부하고 죽은 뒤 내세에서의 사랑은 더 이상 없다는 것을 강조한다. 이것이 다른 작품들과 다른 셰익스피어의 인식이며, 이것이 『로미오와 줄리엣』을 그들과 구별해 준다는 점에 대해서는 Ramie Targoff, op. cit., pp. 105~107, pp. 114~115를 참조할 것.

25 다른 한편 플라톤은 『향연』에서 에로스를 "욕망과 동경의 아버지"(197d)라 일컫고 있으며, 『크라튈로스』를 통해 이의 의미를 좀 더 깊이 파고든다. 플라톤은 히메로스 (himeros), 즉 욕망은 현존하는 대상으로 향하는 반면 포토스(pothos), 즉 동경은 "다른 곳에 있는, 또는 지금 여기에 있지 않은 것", 말하자면 '부재'의 대상으로 향한다고 말한다. "따라서 그 대상이 부재하는 경우, 포토스라는 이름이 주어지고, 그 대상이 현존하는 경우, 히메로스라는 이름이 주어진다."(420a) 플라톤은 지금 여기 '우리에게 없는 것'이 '포토스'의 대상이며, 사랑은 궁극적으로 지금 여기 '우리에게 없는 것'을 '동경'한다고 말한다.

26 Augustine, "Confession," *The Works of Saint Augustine*, Vol. 1(New York: New City Press, 1997), p. 39.

27 Rousseau, *Émile*, p. 871; Pascal Bruckner, *The Paradox of Love*, trans. Steven Rendall (Princeton: Princeton University Press, 2012), p. 37에서 재인용.

28 Sigmund Freud, *Inhibitions, Symptoms and Anxiety*, The Standard Edition of the Complete Psychological Works of Sigmund Freud, Vol. 20, ed. James Strachey(London: Hogarth Press, 1953~1974), p. 122.

29 Sigmund Freud, *Beyond the Pleasure Principle*, The Standard Edition of the Complete Psychological Works of Sigmund Freud, Vol. 18, ed. James Strachey(London: Hogarth Press, 1953~1974), p. 38.

30 이에 대해서는 임철규, 「프로이트의 죽음 본능」, 『죽음』(파주, 경기: 한길사, 2012), 203~219쪽을 참조할 것.

31 D. H. Lawrence, *Women in Love*(New York: Viking Press, 1960), p. 121.

32 D. H. Lawrence, *Kangaroo*(New York: Viking Press, 1960), p. 202.

33 Daniel Fuchs, *The Limits of Ferocity: Sexual Aggression and Modern Literary Rebellion*(Durham: Duke University Press, 2011), p. 162.

34 Marcel Proust, *In Search of Lost Time*, Vol. 6, ed. Christopher Prendergast, trans. Ian Patterson(London: Penguin, 2003), p. 201.

35 Marcel Proust, *Remembrance of Things Past*, trans. C. K. Scott Moncrieff and Terence Kilmartin(New York: Random House, 1981), Vol. 3, p. 102.

36 Eric Langslay, *Narcissism and Suicide in Shakespeare and Contemporaries*(Oxford: Oxford University Press, 2009), p. 135.

37 Alexander Leggatt, *Shakespeare's Tragedies: Violation and Identity*(Cambridge: Cambridge University Press, 2005), p. 52.

38 임철규, 「죽음」, 『죽음』, 329~338쪽을 볼 것.

39 Theodor Adorno, *Aesthetic Theory*, ed. Gretel Adorno and Rolf Tiedemann, trans. Robert Hullot-Kentor(Minneapolis: University of Minnesota Press, 1997), p. 247.

40 Ramie Targoff, op. cit., p. 123.

41 Alan F. Segal, *Life after Death: A History of the Afterlife in the Religions of the West*(New York: Doubleday, 2004), p. 265.

42 Hugh Grady, *Shakespeare and Impure Aesthetics*(Cambridge: Cambridge University Press, 2009), p. 224.

19 인격 도야를 위한 사다리

1 1175년 여름 여조겸이 한천정사(寒泉精舍)에 머물고 있던 주자를 방문하여 함께 『근사록』을 편집하기 시작하였으며, 편집이 완성되기까지는 모두 3년 이상의 시일이 걸렸다고 추산된다. 陳榮捷, 『朱學論集』(上海: 華東師範大學出版社, 2007), 81쪽 참조.

2 『논어』, 「자장(子張)」. "博學而篤志, 切問而近思, 仁在其中矣."

3 『주자어류(朱子語類)』 권105. "近思錄好看. 四子, 六經之階梯; 近思錄, 四子之階梯."

4 陳榮捷, 앞의 책, 105~114쪽 참조.

5 『근사록』, 「도체(道體)」 제38조. "性卽理也."

6 『근사록』,「도체」제48조. "性者, 萬物之一源, 非有我之得私也."

7 『주자어류』권94. "本只是一太極. 而萬物各有稟受. 又各自全具一太極爾. 如月在川, 只一而已, 及散在江湖, 則隨處而見, 不可謂月已分也."

8 『근사록』,「도체」제51조. "凡物莫不有是性. 由通蔽開塞, 所以有人物之別, 由蔽有厚薄. 故有知愚之別. 塞者牢不可開, 厚者可以開, 而開之也難, 薄者開之也易. 開則達于天道, 與聖人一."

9 『근사록』,「도체」제4조. "心一也. 有指體而言者, 有指用而言者. 惟觀其所見如何耳."

10 『근사록』,「도체」제38조. "性卽理也. 天下之理, 原其所自, 未有不善. 喜怒哀樂未發, 何嘗不善. 發而中節, 則無往而不善. 發不中節, 然後爲不善."

11 『중용』. "喜怒哀樂之未發謂之中, 發而皆中節謂之和. 中也者天下之大本也, 和也者天下之達道也. 致中和, 天地位焉, 萬物育焉."

12 이훈구 외, 『정서심리학』(서울: 법문사, 2003), 12~26쪽 참조.

13 이와 관련해서는 이승환, 「주자 형이상학에 나타난 공직자 윤리관 연구」, 《동양철학》 제10집, 한국동양철학회(1998. 12); 이승환, 「주희의 정치철학과 현대적 의미」, 《동양철학》 제14집 주자 서거 800주년 기념 특집호(별책, 2001년 3월호) 참조.

14 L. A. Kosman, "Being Properly affected," *Essays on Aristotle's Ethics*, ed. Amelie Oksenberg Rotry(Berkeley: University of Cambridge Press, 1980), pp. 104~105 참조.

15 『근사록』,「위학(爲學)」제4조. "人之情, 各有所蔽, 故不能適道, 大率患在於自私而用智."

16 『근사록』,「위학」제4조. "夫天地之常, 以其心普萬物而無心. 聖人之常, 以其情順萬事而無情. 故君子之學, 莫若擴然而大公, 物來而順應."

17 『근사록』,「위학」제4조. "聖人之喜, 以物之當喜, 聖人之怒, 以物之當怒. 是聖人之喜怒, 不繫於心, 而繫於物也."

18 『근사록』,「도체」제3조. "伊川先生曰, 喜怒哀樂之未發, 謂之中, 中也者, 言寂然不動者也. 故曰天下之大本. 發而皆中節, 謂之和. 和也者. 言感而遂通者也. 故曰天下之達道."

19 『주자어류』권5. "問, 情比意如何? 曰, 情, 又是意底骨子. 志與意, 都屬情, '情'字較大."

20 『근사록』,「위학」제54조. "一切事皆所當爲, 不必待著意做. 纔著意做, 便是有箇私心."

21 『근사록』,「극기(克己)」제33조. "湛一, 氣之本; 攻取, 氣之欲. 口腹於飮食, 鼻舌於臭味, 皆攻取之性也. 知德者屬厭而已, 不以嗜欲累其心, 不以小害大, 未喪本焉爾."

22 '공취(攻取)'라는 개념은 『정몽(正夢)』의「성명(誠明)」편과「태화(太和)」편 그리고「대역(大易)」편에 각기 등장한다. 장횡거는 특히「대역」편에서 '공취애오(攻取愛惡)'라는 개념을 쓰고 있는데, 이로 볼 때 '공취'는 '애착을 느끼거나 혐오감을 느끼는(愛惡)' 호오와 관련된 정서 작용을 가리킨다는 사실을 알 수 있다. 왕부지는「태화」편에 나오는 '공취'에 관한 주석에서 "같은 것을 취하고 다른 것을 배척하는 일(同者取之, 異

者攻之)"이라고 풀고 있는데, 이 역시 「대역」 편에서의 용례와 비슷하게 배척/수용의 정서 작용을 가리킴을 알 수 있다.

23 『주자어류』 권18. "未見端倪發見之時, 且得恭敬涵養; 有箇端倪發見, 直是窮格去, 亦不是鑿空尋事物去格也. 又曰, 涵養於未發見之先, 窮格於已發見之後."

24 『주자어류』 권6. "學者須當於此心未發時加涵養之功, 則所謂惻隱·羞惡·辭遜·是非發而必中."

25 『주자어류』 권113. "雖是涵養於未發, 源清則流清, 然源清則未見得, 被它流出來已是濁了. 須是因流之濁以驗源之未清, 就本原處理會. 未有源之濁而流之能清者, 亦未有流之濁而源清者."

26 『주자어류』 권62. "存養省察, 是通貫乎已發未發功夫. 未發時固要存養, 已發時亦要存養. 未發時固要省察, 已發時亦要省察. 只是要無時不做功夫."

27 『근사록』, 「존양(存養)」 제48조. "人心不能不交感萬物, 難爲使之不思慮. 若欲免此, 惟是心有主. 如何爲主. 敬而已矣. 有主則虛. 虛謂邪不能入."

28 『주자어류』 권44. "此心常卓然公正, 無有私意, 便是敬."

29 『주자어류』 권44. "敬是內面一齊直, 徹上徹下, 萬無些子私曲. 若不敬則內面百般計較, 做出來皆是私心."

30 『주자어류』 권44. "此心常卓然公正, 無有私意, 便是敬."

31 『근사록』, 「위학」 제58조. "涵養須用敬, 進學則在致知."

32 『근사록』, 「치지(致知)」 제9조. "凡一物上, 有一理. 須是窮致其理, 窮理亦多端, 或讀書, 講明義理, 或論古今人物, 別其是非, 或應接事物而處其當, 皆窮理也. 或問, 格物須物物格之, 還只格一物而萬理皆知. 曰怎得便會貫通. 若只格一物, 便通衆理, 雖顏子亦不敢如此道. 須是今日, 格一件, 明日又格一件, 積習旣多然後, 脫然自有貫通處."

33 P. C. Hsu, *Ethical Realism in Neo-Confucian Thought*(Peiping: Yenching University Press, 1933), Chap. 2 참조.

34 이상적 관망자 이론은 흄(David Hume)에 의하여 제기되고, 퍼스(Roderick Firth)와 하먼(Gilbert Harman) 등에 의하여 옹호되었으며, 브랜트(Richard Brandt) 같은 사람도 이와 관련된 많은 논의를 남겼다. Roderick Firth, "Ethical Absolutism and the Ideal Observer," *Philosophy and Phenomenological Research* Vol. 12(1952); Gilbert Harman, *The Nature of Morality*(N.Y.: Oxford University Press, 1977), Chap. 4; Richard Brandt, *Ethical Theory*(Englwood Cliffs, N.J.: Prentice-Hall, 1959), Chap. 7~11; Richard Brandt, *A Theory of the Good and the Right*(N.Y.: Oxford University Press, 1979), Chap. 12 등 참조.

35 『근사록』, 「도체」 제21조. "生之謂性. 性卽氣, 氣卽性, 生之謂也. 人生氣稟, 理有善惡. 然不是性中元有此兩物相對而生也. 有自幼而善, 有自幼而惡, 是氣稟有然也."

36　『주자어류』권4. "人性雖同, 稟氣不能無偏重. 有得木氣重者, 則惻隱之心常多, 而羞惡·辭遜·是非之心爲其所塞而不發; 有得金氣重者, 則羞惡之心常多, 而惻隱·辭遜·是非之心爲其所塞而不發. 水火亦然. 唯陰陽合德, 五性全備, 然後中正而爲聖人也."

37　『주자어류』권4. "性有偏者. 如得木氣多者, 仁較多; 金氣多者, 義較多."

38　『주자어류』권59. "稟得木氣多, 則少剛强; 稟得金氣多, 則少慈祥. 推之皆然."

39　『근사록』, 「위학」제80조. "形而後有氣質之性. 善反之, 則天地之性存焉. 故氣質之性, 君子有弗性者焉."

40　『근사록』, 「위학」제100조. "爲學大益, 在自求變化氣質. 不爾, 皆爲人之弊, 卒無所發明, 不得見聖人之奧."

41　『근사록』, 「위학」제1조. "聖希天, 賢希聖, 士希賢."

42　『근사록』, 「위학」제3조. "聖人可學而至歟. 曰, 然."

43　Walter Mischel et. al., *Introduction to Personality: Toward an Integration*(New York: Wiley, 2003), 손정락 옮김, 『성격심리학』(서울: 시그마프레스, 2006), 282쪽 참조.

44　L. A. Hjelle and D. J. Ziegler, *Personality Theories: Basic Assumptions, Research and Applications*(McGraw-Hill Book Company, 1981), 이훈구 옮김, 『성격심리학』(서울: 법문사, 1983), 335쪽 참조.

45　『주자어류』권4. "亞夫曰, 性如日月, 氣濁者如雲霧. 先生以爲然."

46　『주자어류』권4. "人性如一團火, 煨在灰裏, 撥開便明."

47　『주자어류』권104. "某, 氣質有病, 多在忿懥."

48　『근사록』, 「존양」제56조. "持其志, 無暴其氣, 內外交相養也."

49　『주자어류』권98. "德性若不勝那氣裏, 則性命只由那氣; 德性能勝其氣, 則性命都是那德; 兩者相爲勝負."

50　『주자어류』권113. "問, 氣質弱者, 如何涵養到剛勇? 曰, 只是一箇勉强. 然變化氣質最難."

51　양선이, 「도덕적 가치와 책임에 관하여: 흄의 이론을 중심으로」, 《철학연구》제59집 (2002); 최용철, 「성품과 책임: 도덕적 책임의 귀속 조건」, 《철학》제40집(1993) 참조.

52　이 용어는 대니얼 데닛(Daniel Dennett)의 것이다. 그의 *Elbow Room: The Varieties of Free Will Worth Wanting*(Oxford: Clarendon Press, 1984), Chap. 4 참조.

53　칼 구스타프 융, 한국융연구원 융 저작 번역위원회 옮김, 『원형과 무의식』(서울: 도서출판솔, 1984), 105~170쪽 참조.

20 도를 알고 실천함에 의한 성인됨의 학문을 체계화하다

1 "學而時習之不亦說乎!"

2 『맹자』,「등문공(滕文公) 상」 4장. "后稷敎民稼穡, 樹藝五穀, 五穀熟而民人育. 人之有道也, 飽食煖衣, 逸居而無敎, 則近於禽獸. 聖人有憂之, 使契爲司徒, 敎以人倫 — 父子有親, 君臣有義, 夫婦有別, 長幼有序, 朋友有信."

3 『논어』,「학이(學而)」6장. "弟子, 入則孝, 出則悌, 謹而信, 汎愛衆而親仁. 行有餘力, 則以學文."

4 『퇴계전서(退溪全書)』, 연보. "凡事之是者, 是理乎."

5 『퇴계전서』, 속집. "負石穿沙自有家, 前行却走足偏多. 生涯一掬山泉裏, 不問江湖水幾何."

6 『퇴계전서』, 속집. "草草開庵號養眞, 依山臨水足頤神, 故人千里如相識, 書面先題兩字新."

7 『퇴계전서』1, 문집 내집, 권1. "身退安愚分, 學退憂暮境. 溪上始定居, 臨流日有省."

8 『퇴계전서』1, 문집 내집, 권1. "舜·文久徂世 朝鳳鳳不至. 祥麟又已遠, 叔季如昏醉. 仰止洛與閩, 群賢起鱗次. 吾生晩且僻, 獨味修貞貴. 朝聞夕死可, 此言誠有味."

9 『퇴계전서』1, 문집 내집, 권1. "酒中有妙理, 未必人人知. 取樂酣叫中, 無乃汝曹惑. 當其乍醺醺, 浩氣兩間塞. 釋惱而破吝, 大勝榮槐國. 畢竟是有待, 臨風還愧默."

10 『퇴계전서』1, 문집 내집, 권2. "黃卷中間對聖賢, 虛明一室坐超然. 梅窓又見春消息, 莫向瑤琴嘆絶絃."

11 백아가 거문고 줄을 끊었다는 뜻으로, 자기를 알아주는 절친한 벗의 죽음을 슬퍼한다는 말.

12 『퇴계전서』1, 문집 내집, 권3. "日事明誠類數飛, 重思複踐趁時時. 得深正在工夫熟, 何啻珍烹悅口頤."

13 『퇴계전서』1, 문집 내집, 권6. "敦聖學以立治本."

14 『퇴계전서』4,「도산급문제현록」,「문순공퇴도이선생묘갈명」. "生而大癡, 壯而多疾, 中何嗜學, 晩何叨爵. 學求猶邈, 爵辭愈嬰, 進行之踤, 退藏之貞. 深慚國恩, 亶畏聖言, 有山嶷嶷, 有水源源. 婆娑初服, 脫略衆訕, 我懷伊阻, 我佩誰玩. 我思古人, 實獲我心, 寧知來世, 不獲今兮. 憂中有樂, 樂中有憂, 乘化歸盡, 復何求兮."

15 『퇴계전서』4,「언행록(言行錄)」. "君子之學, 爲己而已. 所謂爲己者, 卽張敬夫所謂無所爲而然也. 如深山茂林之中有一蘭草, 終日薰香而不自知其爲香, 正合君子爲己之義."

16 『시경(詩經)』,「패풍(邶風) 개풍(凱風)」. "凱風自南, 吹彼棘薪, 母氏聖善, 我無令人."

17 『시경』,「소아(小雅) 절남산(節南山) 정월(正月)」. "召彼故老, 訊之占夢. 具曰予聖, 誰知烏之雌雄."

18 『서경(書經)』,「홍범(洪範)」. "思曰睿, 睿作聖."

19 『논어』,「술이(述而)」26장. "聖人, 吾不得而見之矣, 得見君子者, 斯可矣."

20 『논어』,「술이」34장. "子曰, 若聖與仁, 則吾豈敢? 抑爲之不厭, 誨人不倦, 則可謂云爾已矣."

21 『논어』,「계씨(季氏)」8장. "君子有三畏, 畏天命, 畏大人, 畏聖人之言."

22 『중용』, 20장. "誠者, 天之道也, 誠之者, 人之道也. 誠者, 不勉而中, 不思而得, 從容中道, 聖人也. 誠之者, 擇善而固執之者也."

23 『맹자』,「이루(離婁) 상」2장. "孟子曰, 規矩, 方員之至也, 聖人, 人倫之至也."

24 『맹자』,「고자(告子) 상」7장. "故凡同類者, 擧相似也, 何獨至於人而疑之? 聖人, 與我同類者."

25 『맹자』,「고자 상」7장. "至於心, 獨無所同然乎? 心之所同然者何也? 謂理也, 義也. 聖人先得我心之所同然耳. 故理義之悅我心, 猶芻豢之悅我口."

26 『맹자』,「진심(盡心) 상」30장. "孟子曰, 堯舜, 性之也, 湯武, 身之也, 五霸, 假之也. 久假而不歸, 惡知其非有也."

27 『맹자』,「진심 하」25장. "可欲之謂善, 有諸己之謂信, 充實之謂美, 充實而有光輝之謂大, 大而化之之謂聖. 聖而不可知之謂神."

28 『통서(通書)』, 10장「지학(志學)」. "聖希天, 賢希聖, 士希賢."

29 『통서』, 20장「성학(聖學)」. "或問, 聖可學乎? 濂溪先生曰, 可. 有要乎? 曰, 有. 請問焉. 曰, 一爲要. 一者無欲也. 無欲則靜虛動直, 靜虛則明, 明則通. 動直則公, 公則溥. 明通公溥庶矣乎."

30 『논어』,「위령공(衛靈公)」24장. "子曰, 古之學者爲己, 今之學者爲人."

31 이광호,『퇴계와 율곡, 생각을 다투다』(홍익출판사, 2013) 참조.

32 『성학십도』,「제5백록동규도」. "以上五圖, 本於天道, 而功在明人倫懋德業."

33 『성학십도』,「제10숙흥야매잠도」. "以上五圖, 原於心性, 而要在勉日用, 崇敬畏."

34 『성학십도』,「제4대학도」. "蓋上二圖, 是求端擴充體天盡道極致之處, 爲小學大學之標準本原. 下六圖, 是明善誠身崇德廣業用力之處, 爲小學大學之田地事功."

35 "聖學有大端, 心法有至要."

36 『퇴계선생문집』권44의「제금사순병명(題金士純屛銘)」을 가리킨다.

37 "孔子曰, '學而不思則罔, 思而不學則殆.' 學也者, 習其事而眞踐履之謂也. 蓋聖門之學, 不求諸心, 則昏而無得, 故必思以通其微. 不習其事, 則危而不安, 故必學以踐其實. 思與學, 交相發而互相益也."

38 "合理氣, 統性情, 主一身, 該萬化."

39 퇴계가 조카 교(喬)에게 준「자경병명(自警屛銘)」. "寶鑑埋塵, 非磨寧新. 明珠在淵, 不探則捐. 聖訓之極, 我心之則. 屛陳爾傍, 道存爾常. 能思能行, 一言猶贏. 不思不爲, 萬言奚施?"

40 "凝道作聖之要, 端本出治之源, 悉具於是."

41 "要之, 兼理氣統性情者, 心也. 而性發爲情之際, 乃一心之幾微, 萬化之樞要, 善惡之所由分也. 學者誠能一於持敬, 不昧理欲, 而尤致謹於此, 未發而存養之功深, 已發而省察之習熟, 眞積力久而不已焉, 則所謂精一執中之聖學, 存體應用之心法, 皆可不待外求而得之於此矣."

42 「경재잠도」와 「숙흥야매잠도」를 가리킨다.

43 "此一靜一動, 隨處隨時, 存養省察, 交致其功之法也. 果能如是, 則不遺地頭, 而無毫釐之差, 不失時分, 而無須臾之間. 二者並進, 作聖之要, 其在斯乎."

44 "其爲之之法, 必也存此心於齋莊靜一之中, 窮此理於學問思辨之際, 不睹不聞之前, 所以戒懼者愈嚴愈敬. 隱微幽獨之處, 所以省察者愈精愈密. 就一圖而思, 則當專一於此圖, 而如不知有他圖. 就一事而習, 則當專一於此事, 而如不知有他事. 朝焉夕焉而有常, 今日明日而相續. 或紬繹玩味於夜氣淸明之時, 或體驗栽培於日用酬酢之際."

45 『성학십도』, 「심학도설」.

46 『성학십도』, 「대학도」에 대한 퇴계의 설명 중에서.

47 『성학십도』, 「진성학십도차」.

48 『논어집주(論語集註)』, 「공야장(公冶長)」 25장.

49 "願車馬, 衣輕裘, 與朋友共, 敝之而無憾."

50 "願無伐善, 無施勞."

51 "老者安之, 朋友信之, 少者懷之."

52 『논어집주』, 「공야장」 25장 집주. "程子曰, 夫子安仁, 顏淵不違仁, 子路求仁."

53 『논어』, 「이인(里仁)」 15장. "子曰, 參乎! 吾道一以貫之. 曾子曰, 唯. 子出, 門人問曰, 何謂也? 曾子曰, 夫子之道, 忠恕而已矣."

54 『논어』, 「위령공(衛靈公)」 3장. "子曰, 賜也, 女以予爲多學而識之者與? 對曰, 然, 非與? 曰, 非也, 予一以貫之."

55 "天君泰然, 百體從令."

56 "怡養天君, 疾病不作."

21 유학자 정약용의 예치 시스템과 인륜 개념

1 인륜의 원리로서의 친친(親親)과 존존(尊尊) 개념의 기원, 의미 등에 대해서는 이봉규, 「규범의 근거로서 혈연적 연대와 신분의 구분에 대한 고대 유가의 인식」, 《태동고전연구》 10호(1993); 이봉규, 「인륜: 쟁탈성 해소를 위한 유교적 구성」, 《태동고전연구》 31집(2013); 박례경, 「규범의 근거로서 친친 존존의 정당화 문제」, 《동양철학연구》 54집(2008) 참조.

2 　동아시아 유교 지식인들이 친친과 존존의 관계 원리를 강조한 이유가 친애와 존경심 그 자체 때문이 아니라 사회적 갈등과 쟁탈성을 해소하기 위한 정치적 목적 때문이었음을 밝힌 이봉규의 위 논문 「인륜: 쟁탈성 해소를 위한 유교적 구성」, 125~127쪽 참조.

3 　『논어』, 「학이(學而)」 12장. "有子曰, 其爲人也, 孝弟而好犯上者, 鮮矣. 不好犯上, 而好作亂者, 未之有也. 君子務本, 本立而道生. 孝弟也者, 其爲仁之本與."

4 　『맹자』, 「이루(離婁) 상」 11장. "孟子曰, 道在爾, 而求諸遠, 事在易而求諸難, 人人, 親其親, 長其長, 而天下平."

5 　『맹자』, 「이루 상」 27장. "孟子曰, 仁之實, 事親, 是也, 義之實, 從兄, 是也. 智之實, 知斯二者, 弗去是也, 禮之實, 節文斯二者是也, 樂之實, 樂斯二者, 樂則生矣. 生則惡可已也. 惡可已, 則不知足之蹈之, 手之舞之."

6 　『예기(禮記)』, 「단궁(檀弓)」. "事親有隱而無犯, 左右就養無方, 服勤至死, 致喪三年. 事君有犯而無隱, 左右就養有方, 服勤至死, 方喪三年."

7 　『순자집해(荀子集解)』, 「자도(子道)」. "明於從·不從之義, 而能致恭敬·忠信·端愨, 以愼行之, 則可謂大孝矣. (……) 故子從父, 奚子孝? (……) 審其所以從之, 之謂孝."; "不幸不順見惡, 而能無失其愛, 非仁人莫能行."; "父有爭子, 不行無禮. (……) 入孝·出弟, 人之小行也. 上順·下篤, 人之中行也. 從道不從君·從義不從父, 人之大行也."

8 　『다산시문집(茶山詩文集)』 권22, 잡문, 「곡산 향교(谷山鄕校)를 효유하여 효를 권장하는 글」 참조.

9 　박례경은 「규범의 근거로서 친친 존존의 정당화 문제」에서 '존존' 개념이 다양한 방식으로 변형, 확장된 것을 상세히 설명하고 있다.

10 　『맹자』, 「만장(萬章) 하」. "用下敬上謂之貴貴, 用上敬下謂之尊賢. 貴貴, 尊賢, 其義一也."

11 　『중용』. "仁者人也, 親親爲夫. 義者宜也, 尊賢篇大, 親親之殺, 尊賢之等, 禮所生也."

12 　이봉규, 「인륜: 쟁탈성 해소를 위한 유교적 구성」, 131쪽 이하의 상례(喪禮) 진행 과정에 대한 설명 참조.

13 　『다산시문집』, 「자찬묘지명(自撰墓誌銘)」, 16:18. "經世者何也? 官制, 郡縣之制, 田制, 賦役, 貢市, 倉儲, 軍制, 科制, 海稅, 商稅, 馬政, 船法, 營國之制, 不拘時用, 立經陳紀, 思以新我之舊邦也. 牧民者何也? 因今之法而牧吾民也. 律己奉公愛民, 爲三紀. 吏戶禮兵刑工爲六典, 終之以振荒一目. 各攝六條, 搜羅古今, 剔發奸僞, 以授民牧, 庶幾一民有被其澤者, 鏞之心也. 欽欽者何也? 人命之獄, 治者或寡. 本之以經史, 佐之以批議, 證之於公案, 咸有商訂, 以授獄理, 冀其無冤枉, 鏞之志也."

14 　목민관의 '목(牧)' 개념의 의미에 대해서는 임형택, 『목민심서』의 이해, 《한국실학연구》 13권(2007), 9~10쪽 설명을 참조했다.

15 　위의 글, 10~11쪽 참조.

16 임형택의 위 논문과, 조선 후기 목민서류의 발간과 유포 그리고『목민심서』의 역사적 위상과 의미 등을 함께 고찰한 김선경, 「조선 후기 목민학의 계보와『목민심서』」,《조선시대사학보》52호(2010) 및 김선경, 「『목민심서』연구: 통치 기술의 관점에서 읽기」,《역사교육》123호(2012) 참조.

17 고영진,『조선 중기 예학 사상사』(한길사, 1995), 105~112쪽.

18 장동우, 「조선 후기 가례(家禮) 담론의 등장 배경과 지역적 특색」,《국학연구》13집(2008), 99~100쪽 및 121쪽 설명을 참조했다.

19 고영진, 「16~17세기 예학의 지역적 분화 과정과 그 특징」,《국학연구》13집(2008), 31~34쪽.

20 장동우의『주자가례』에 대한 연구 논문들을 참고했다.(「『가례』주석서를 통해 본 조선 예학의 진전 과정」,《동양철학》34집(2010); 「『주자가례』의 수용과 보급 과정: 동전(東傳) 판본 문제를 중심으로」,《국학연구》16집(2010); 「조선 시대 가례 연구를 위한 새로운 시각과 방법」,《한국사상사학》39집(2011) 등) 조선 시대『가례』에 대한 수많은 주석서들의 판본과 내용, 전개 과정을 세밀히 분석한 장동우는 다른 어느 때보다 18세기야말로 사족층의『가례』연구의 최절정기라고 평가한다.『주자가례』의 전국적 보급과 수용 양상 등을 살펴볼 때 조선 후기인 18세기는 주자학을 비판하며 새로운 실학이 태동하던 시대라기보다 오히려 어떤 면에선 가장 '주자학적'인 사회였다고 볼 수 있을 것 같다. 비록 17세기 중엽부터 서학(西學)이 수입되고 외국과의 지적 교류가 활발해졌지만 당시 조선의 사회 시스템은 그 저변에 이르기까지 철저히『주자가례』와『소학』등 주자학 저술의 이념이 보편적으로 실현된 시대로 접어들었다고 볼 수 있기 때문이다. 여전히 논쟁의 여지는 있지만, 이 문제는 학문적으로 중요한 성찰의 대상이라고 생각한다.

21 정약용은『경세유표』라는 텍스트가 법(law)이 아니라 예(ritual/rites)를 말한 것이라고 주장했다. 이것은 억압적인 법을 통해서가 아니라 인간의 도덕적 본성에 부합하는 예를 통해 자연스럽게 예치를 실현하겠다는 포부를 밝힌 것이다. 그런데『경세유표』에는 방국례, 왕조례, 향례 등 여러 규정이 함께 등장하기 때문에 다산의 전체 예학 규모에서 서로 다른 층위의 예제들이 어떤 관계를 맺고 있고, 또 기존의 주자학적 예학과는 어떻게 다른지 등을 상세히 분석할 필요가 있을 것이다.

22 『다산시문집』권12, 서, 「강고향사례서(江皐鄕射禮序)」. 본문의 주석 29번 참조.

23 『목민심서』권7, 「예전육조(禮典六條)」, '교민(教民)'. 본문의 주석 42번 참조.

24 『경세유표』권1, 「지관호조(地官戶曹)」, '육부(六部)'. "古者王國之制, 九分其國, 如井田之形, 王宮居中, 百官公署在前, 一區百肆, 市廛在後, 一區左右, 六卿兩兩相向, 先王之法也. 我國營建之初, 雖不能如此, 其部分之數, 宜六而不宜五也."

25 『경세유표』권8, 「지관수제(地官修制)」, '전제십이(田制十二) 정전의사(井田議四)'. "孟

月之朔, 里尹會一里之民, 敎之以孝悌忠信. 讀法一通, 諭鄕約一通, 聽者皆拜. 有過失者罰之, 有行誼者賞之. 歲終, 擧最善者一人, 擧多過者一人, 聽縣令賞罰. 讀法及鄕約, 見下篇. 地官之敎規, 正月之朔, 不行賞罰, 以歲終已有行也. 臣謹案, 旣富而敎, 古之道也. 井地旣成, 申之以孝悌之義, 王者之政也."

26　『목민심서』권7,「예전육조」,‘교민’. "古者, 大司徒敎萬民, 大司樂敎國子. 敎民者, 地官之職也, 嘗草邦禮敎規, 屬于地官. 今井地未均, 法制未成, 所謂敎民不過勸行禮俗, 謹守鄕約而已. 權且錄之於禮典."

27　『목민심서』권7,「예전육조」,‘교민’. "民牧之職, 敎民而已. 均其田產, 將以敎也, 平其賦役, 將以敎也, 設官置牧, 將以敎也, 明罰飭法, 將以敎也. 諸政不修, 未遑興敎, 此百世之所以無善治也."

28　다산의 향례에 대해서는 김문식,「다산 정약용의 향례(鄕禮) 이해」,《한국실학연구》31권 (2016); 백민정,「『목민심서』를 통해 본 다산 정약용의 지방 운영의 정치적 논리와 특징」, 《동방학지》176호(2016) 참조.

29　『목민심서』권7,「예전육조」,‘제사(祭祀)’. "文廟之祭, 牧宜躬行, 虔誠齊沐, 爲多士倡. 他祭與祭者不多, 其亂未甚, 鄕校釋奠, 其獻官諸執事之外, 閒散與祭者, 或過百. (……) 釋菜前十日, 下帖于鄕校, 獻官諸執事, 皆以本土上族之端方雅飭威儀不忒者, 拔例擇差, 毋得直書差帖, 須要列名先呈, 牧數日詢訪, 知其實狀, 然後乃受差帖, 許令踏印.";『목민심서』권7,「예전육조」,‘교민’. "古者, 大司徒敎萬民, 大司樂敎國子, 敎民者, 地官之職也. 嘗草邦禮敎規, 屬于地官, 今井地未均, 法制未成, 所謂敎民不過勸行禮俗, 謹守鄕約而已, 權且錄之於禮典 (……) 束民爲伍, 以行鄕約, 亦古鄕黨州族之遺意. 威惠旣洽, 勉而行之可也.";『목민심서』권7,「예전육조」,‘흥학(興學)’. "季秋行養老之禮, 敎以老老, 孟冬行鄕飮之禮, 敎以長長, 仲春行饗孤之禮, 敎以恤孤."

30　『목민심서』권7,「예전육조」,‘흥학’. "鄕禮者, 京禮也. 古者, 王城分爲九區, 狀如井田, 中爲王宮, 面朝後市, 左右六鄕, 兩兩相嚮 (……) 六鄕如五部. 鄕飮酒者, 京飮酒也, 鄕射禮者, 京射禮也. 今人未詳古制, 以鄕爲野, 所謂鄕飮禮, 鄕射禮, 獨令郡縣行之, 而京師闕焉, 亦一蔀也. 然今之郡縣, 亦古之侯國, 今之守令, 其位如古鄕大夫州長守令, 自爲主人, 以行此禮, 參古酌今, 未爲失也."

31　『목민심서』권7,「예전육조」,‘흥학’. "古者, 太學行養老之禮, 以之興孝, 行齒學之禮, 以之興弟, 行饗孤之禮, 使民不背, 此孝弟慈之所以爲大學之宗旨也. 牧宜存此意, 學宮行養老之禮, 行鄕飮之禮, 以興孝弟. 其或新經寇難, 民有死於王事者, 饗其孤子, 以存恤孤之意, 亦足以備文也. 若經亂已久者, 訪求倡義家子孫, 春饗于學宮, 是亦勸忠之要務也."

32　『목민심서』권7,「예전육조」,‘흥학’. "季秋行養老之禮, 敎以老老, 孟冬行鄕飮之禮, 敎以長長, 仲春行饗孤之禮, 敎以恤孤."

33 『목민심서』 권7, 「예전육조」, '흥학'. "以時行鄉射之禮, 以時行投壺之禮. 鄉射禮, 古禮, 繁縟難行, 宜取鄉禮合編, 參古酌今, 櫽栝爲文以行之."

34 『다산시문집』 권10, 원(原), 「원교(原教)」. "愛養父母謂之孝, 友於兄弟謂之弟, 教育其子謂之慈, 此之謂五教也. 資於事父, 以尊尊而君道立焉, 資於事父, 以賢賢而師道立焉, 茲所謂生三而事一也. 資於事兄以長長, 資於養子以使衆. 夫婦者, 所與共修此德, 而治其內者也, 朋友者, 所與共講此道, 而助其外者也. 然唯慈者, 不勉而能之, 故聖人之立教也, 唯孝弟是訓."

35 『다산시문집』 권12, 서, 「목민심서서(牧民心書序)」. "聖賢之教, 原有二途. 司徒教萬民, 使各修身. 大學教國子, 使各修身而治民. 治民者, 牧民也. 然則君子之學, 修身爲半, 其半牧民也."

36 『목민심서』 권8, 「예전육조」, '변등(辨等)'. "辨等者, 安民定志之要義也. 等威不明, 位級以亂, 則民散而無紀矣. (……) 上下以明, 此聖人馭世安民之大權也."

37 『목민심서』 권8, 「예전육조」, '변등'. "吾東之俗, 辨等頗嚴, 上下維各守其分, 近世以來, 爵祿偏枯, 貴族衰替, 豪吏豪甿, 乘時使氣, 其屋宇鞍馬之侈, 衣服飲食之奢, 咸踰軌度. 上陵下替, 無復等級, 將何以維持聯絡, 以之扶元氣而通血脈乎. 辨等者, 今日之急務也."

38 『목민심서』 권8, 「예전육조」, '변등'. "余久居民間, 知守令毀譽, 皆出於辨等. 牧之愛民者, 偏以抑強扶弱爲主, 不禮貴族, 專護小民者, 不惟怨詛朋興, 抑亦風俗頹敗, 大不可也."

39 『목민심서』 권8, 「예전육조」, '변등'. "古者, 爲天下國家者, 其大義四, 一曰親親, 二曰尊尊, 三曰長長, 卽老老, 四曰賢賢. 親親, 仁也. 尊尊, 義也. 長長, 禮也. 賢賢, 知也. 天屬之外, 以爵與齒德, 爲三達尊, 古今之通義也."

40 『논어』, 「위정(爲政)」. "子曰, 道之以政, 齊之以刑, 民免而無恥, 道之以德, 齊之以禮, 有恥且格."

41 『순자(荀子)』, 「성상(成相)」. "治之經, 禮與刑, 君子以修, 百姓寧.「議兵」禮者, 治辨之極也, 彊固之本也."

42 『순자』, 「왕제(王制)」. "以善至者, 待之以禮, 以不善至者, 待之以刑."

43 『논어집주』 권1, 「위정」, 주(註). "政者爲治之具, 刑者輔治之法, 德禮則所以出治之本, 而德又禮之本也."

44 『논어고금주(論語古今註)』 권1, 「위정」. "子曰, 道之以政, 齊之以刑, 民免而無恥. 道之以德, 齊之以禮, 有恥且格. 德者, 篤於人倫之名, 孝弟慈是已. 禮曰, '古之欲明明德於天下者, 先治其國', 及至治國平天下章, 乃以孝弟慈爲本, 孝弟慈非明德乎? 堯典曰, '克明峻德, 以親九族', 峻德非孝弟乎? 孝經曰, '先王有至德要道, 以順天下', 至德非孝弟乎? 先王之道, 身先孝弟, 以率天下, 此之謂'道之以德', 德非模糊漫漶之物也. 然道之以德亦用刑. 書曰, '伯夷降典, 折民維刑', 謂先敷五典, 而其不率教者, 折之以刑也."

45 「방례초본인(邦禮草本引)」. "先王以禮而爲國, 以禮而道民. 至禮之衰而法之名起焉. 法非 所以爲國, 非所以道民也. 揆諸天理而合, 錯諸人情而協者, 謂之禮, 威之以所恐, 迫之以所 悲, 使斯民兢兢然莫 之敢干者, 謂之法. 先王以禮而爲法, 後王以法而爲法, 斯其所不同也."

46 왕여, 김호 옮김, 『신주무원록』(사계절, 2003) 중 김호, 「해제: 신주무원록과 조선 전기 의 검시」 참조.

47 김호, 『정약용, 조선의 정의를 말하다』(책문, 2014); 김호, 「조선 후기 강상의 강조와 다 산 정약용의 정(情), 이(理), 법(法): 『흠흠신서』에 나타난 법과 도덕의 긴장」, 《다산학》 20호(2012); 김호, 「『흠흠신서』의 일고찰: 다산의 과오살 해석을 중심으로」, 《조선시대 사학보》 54호(2010); 백민정, 「정약용의 형법 사상에 반영된 덕(德)과 예치(禮治)의 문 제의식: 『흠흠신서』 연구사의 분석 및 문제 제기」, 《한국실학연구》 28권(2014) 참조.

48 『흠흠신서』 권10, 「전발무사일(剪跋蕪詞一)」, '수안군최주변복검안발사(遂安郡崔周弁 覆檢案跋詞)'. 박석무·정해렴 역주, 『역주 흠흠신서 3』(현대실학사, 1999), 245~251쪽.

49 『목민심서』 권10, 「형전육조(刑典六條)」, '단옥(斷獄)'. "以自溺爲被溺, 以自縊爲被勒, 以 自刺爲被刺, 以服毒爲被打, 以病患爲內傷, 若是者多矣. 考諸法書, 形證各殊, 辨之不難."

50 『흠흠신서』 권8, 「상형추의십일(祥刑追議十一)」, '정리지서칠(情理之恕七)'. 『역주 흠흠 신서 3』, 86~87쪽.

51 『흠흠신서』 권8, 「상형추의십이(祥刑追議十二)」, '이륜지잔삼(彝倫之殘三)'. 『역주 흠흠 신서 3』, 110~112쪽.

52 『순자』, 「예론(禮論)」. "貴賤有等, 長幼有差, 貧富輕重, 皆有稱者也."

53 『목민심서』 권8, 「예전육조」, '변등' 제5. "然嚴於辨等者, 俗謂之正名分, 斯則過矣. 君臣 奴主, 斯有名分, 截若天地, 不可階升. 若上所論者, 可曰等級, 不可曰名分也."

54 『목민심서』 권8, 「예전육조」, '변등' 제5. "古者, 爲天下國家者, 其大義四, 一曰親親, 二曰 尊尊, 三曰長長, 卽老老, 四曰賢賢. 親親, 仁也. 尊尊, 義也. 長長, 禮也. 賢賢, 知也. 天屬 之外, 以爵與齒德, 爲三達尊, 古今之通義也."

55 『목민심서』 권8, 「예전육조」, '변등'. "然君子之子孫, 世守其道, 績文秉禮, 雖不入仕, 猶 爲貴族, 彼甿隷之子若孫, 敢不祇敬, 此第一等當辨者也."

56 『흠흠신서』 권1, 「경사요의일(經史要義一)」. "帝典曰, 眚怙欽恤之義. 眚災肆赦, 怙終賊 刑, 欽哉欽哉, 唯刑之恤哉. 康誥曰, 敬明乃罰. 人有小罪, 非眚, 乃惟終. 自作不典, 式爾, 有 厥罪小, 乃不可不殺. 乃有大罪, 非終, 乃惟眚災, 適爾, 旣道極厥辜, 時乃不可殺. 刑曰, 上 刑適輕下服, 下刑適重上服. 輕重諸罰有權."

57 『흠흠신서』 권8, 「상형추의십사(祥刑追議十四)」, '도적지어일(盜賊之禦一)'. "臣議曰, 周官三宥之法, 一曰不識. 不識者, 與甲爲讎, 見乙爲甲, 誤殺乙者也, 乙固無罪, 而彼心誠 以爲甲, 則聖王宥之. 人雖非賊, 被心誠以爲賊, 則其殺固然, 黑夜拔劍, 非盜而何. 大明律

曰, 無故夜入人家, 而主家登時殺死者, 勿論. 旣曰無故, 則未必是盜也, 然主家之心, 誠以爲盜, 則殺之無罪."

58 백민정,「정약용의 형법 사상에 반영된 덕과 예치의 문제의식」참조.

59 "도응(桃應)이 물었다. '순임금이 천자였을 때 고요(皐陶)가 법관이었는데, 만약 (순임금의 아버지인) 고수(瞽瞍)가 살인을 했다면 어떻게 했을까요?' 맹자께서 대답하셨다. '그를 체포했을 것이다.'(桃應問曰, 舜爲天子, 皐陶爲士, 瞽瞍殺人, 則如之何? 孟子曰, 執之而已矣.)"

60 『논어고금주』권6,「자로(子路)」, '葉公語孔子曰吾黨有直躬者' 참조.

61 『맹자요의(孟子要義)』권2,「진심 상」, '桃應問舜爲天子, 皐陶爲士, 瞽瞍殺人' 참조.

62 『논어고금주』권3,「술이(述而)」. "公羊傳曰輒之義, 可以立乎, 曰可. 其可奈何. 不以父命辭王父命, 以王父命辭父命, 是父之行乎子也. 不以家事辭王事, 以王事辭家事, 是上之行乎下也."; 『논어고금주』권6,「자로」. "穀梁傳曰納者, 內勿受也, 勿受者, 輒勿受也. 以輒不受父之命, 受之王父也. 信父而辭王父, 則是不尊王父也. 其勿受, 以尊王父也."

63 『논어고금주』권3,「술이」. "補曰, 夫子爲衛君, 謂若使夫子處蒯聵之地, 將亦立爲衛君乎. 爲當讀之如管仲曾西之所不爲之爲, 疑而問也. 衛靈公之太子蒯聵, 欲殺其母南子, 事敗奔宋, 及靈公卒. 南子欲立公子郢, 郢固辭, 請立蒯聵之子輒, 輒卽位. ○補曰, 夫子以夷齊之事, 爲求仁得仁, 則設以身處衛輒之地, 必讓國逃身, 以全父子之愛而成其仁矣. 故知夫子不爲衛輒之所爲也. 衛輒拒父而不納, 此其父子胥怨."

64 『논어고금주』권6,「자로」. "案. 二子之言, 乃悖倫亂常之私言, 非先王之法制, 先儒謬信二子, 終以拒聵爲義理, 未敢知也. 春秋之時, 爲父所逐者, 皆不能主國, 謀殺其親者, 皆不得爲君乎? 執五王者滔滔皆是, 而獨以蒯聵爲固敕, 豈公論乎."

65 『논어』. "子曰, 事父母幾諫. 見志不從, 又敬不違, 勞而不怨."

66 『논어집주』,「이인(里仁)」18장 주. "'幾諫', 所謂'父母有過, 下氣·怡色·柔聲以諫'也. '見志不從, 又敬不違', 所謂'諫若不入, 起敬·起孝, 悅則復諫'也. '勞而不怨', 所謂'與其得罪於鄕黨·州閭, 寧孰諫, 父母怒不悅而撻之流血, 不敢疾怨, 起敬·起孝'也."

67 『논어고금주』. "補曰幾諫者, 不敢直諫, 但以微意, 諷之使喩也. '見'讀作'現', 露也, 示也. 微示己志之不從親命, 且須恭敬不違親命, 以俟其自悟也. (……) 駁曰, 一諫不從, 遂順親命, 陷親於惡, 安在其諫也? 孔子之意蓋云, 一邊微示己志之不從, 一邊姑且順命而不違, 庶幾父母察己之志, 犂然覺悟, 自止其事也."

68 『논어고금주』. "案. 君子不怨天·不尤人, 矧可以怨君·親哉? 然君·親之過小而怨, 是不可磯也; 君·親之過大而不怨, 是愈疏也.【孟子云】是故聖人許之使怨, 然其怨之也, 一或有近於謗訕非毁者, 大罪也."

69 『여유당전서(與猶堂全書)』예집(禮集) 권23,『가례작의(嘉禮酌儀)』,「관례(冠禮)」. "祭

禮未易正, 以國俗難變也. 喪禮未易正, 以父兄宗族多議也. 昏禮未易正, 以兩家好尙不同
也. 唯冠禮, 最宜釐正, 是在主人, 孰能禦之. 但古之冠禮, 繁縟備文, 今人未易遵用. 朱子家
禮, 雖比古簡省, 然冠服異制, 人猶病之."

70 『여유당전서』예집(禮集) 권21, 『상의절요(喪儀節要)』권1.

71 정약용은 중국 고례(古禮)의 이념에 근거하여 철저한 고증과 자신의 예학적 논리로 무
장한 방대한 예학서인 『상례사전』을 만들었고, 이것을 집안에서 적용 가능한 형태의
『상의절요』로 축약해서 다시 만들었다. 이 후자의 작품을 포함해서 관혼상제 예식에 해
당하는 『가례작의』(관례작의와 혼례작의), 『제례고정』등의 작품까지 수합하여 정약용
이 『주자가례』의 조선적 변주라고 할 만한 『사례가식』을 만들었다는 것이 학계의 일반
적인 평가다. 다음 논문들을 참조하여 이상의 의미를 정리했다. 장동우, 「고례(古禮) 중
심의 예교(禮教) 사상과 그 경학적 토대에 관한 연구: 다산의 『상의절요』와 『주자가례』
의 비교를 중심으로」, 《한국실학연구》 13권(2007); 전성건, 「『사례가식』 연구」, 《다산학》
19호(2011) 등 참조.

72 『다산시문집』권20, 「둘째 형님께 올리는 글(上仲氏書)」.

고전 강연 전체 목록

고전 강연

3 전근대

1판 1쇄 찍음 2018년 3월 16일
1판 1쇄 펴냄 2018년 3월 23일

지은이 임철규, 김수용, 이승환, 이광호, 백민정
발행인 박근섭·박상준
펴낸곳 (주)민음사

출판등록 1966. 5. 19. 제16-490호
주소   (135-887) 서울시 강남구 도산대로 1길 62(신사동)
             강남출판문화센터 5층
대표전화 515-2000 | 팩시밀리 515-2007
홈페이지 www.minumsa.com

© 임철규, 김수용, 이승환, 이광호, 백민정, 2018. Printed in Seoul, Korea

ISBN 978-89-374-3659-8 (04100)
          978-89-374-3656-7 (세트)

NAVER
문화재단   이 책은 네이버 문화재단의 후원으로 만들어졌습니다.